JN409192

다은어록 10

사랑을 받은 자여

육 명 길

오늘의문학사

국립중앙도서관 출판시도서목록(CIP)

사랑을 받은 자여 / 지은이: 육명길. -- 대전 : 오늘의문학사, 2017
p. ; cm. -- (다은어록 ; 10.오늘의문학 특선시집 ; 61)

ISBN 978-89-5669-810-6 03810 : ₩12000

한국 현대시[韓國現代詩]

811.7-KDC6
895.715-DDC23 CIP2017009082

다은어록 10

사랑을 받은 자여

육 명 길

서시

꽃은 아름답다
꽃보다
진실은 더 아름답다

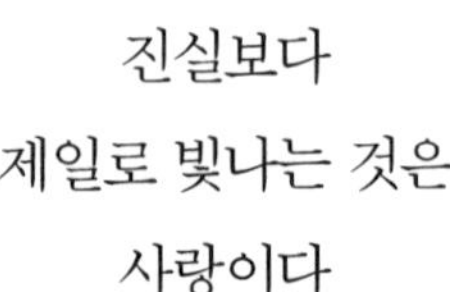

진실보다
제일로 빛나는 것은
사랑이다

아!
사랑이여,
밤하늘의 별보다 더 찬란한 이상이여

진실한 사람만이 하나님의
사랑을 받아
꽃이 된다
영원히 지지 않을 꽃으로 핀다.

차 례

1장 작명

2장 사랑 찾아 삼천리

3장 보석의 나라

4장 아파트

5장 책

6장 사람主나무

7장 하나님의 음성

1장

작명

작명

땅속에 묻혀 흙이라 하였으니,
陸(땅 육)이었구나.

은사(恩賜)를 받기 전에
불가마 속에서 밝은 곳은 알 수 없었으니
이제는 明(명)이로구나

보시는 이, 부르시는 이
진실로 길을 가니 吉(길)이로구나

각고의 눈물덩어리,
아롱지는 방울에 맺힌 심결은
바로 시인이었다.

태초의 작명

태초에 하나님께서 천지를 창조하셨습니다. 역사상 가장 아름다운 문장이었습니다.

멍…, 어둠이 있었습니다. 멍…, 빛이 있었습니다. 멍…, 언어가 있었습니다. 아담이라 불렀습니다. 여자라고 불렀습니다. 호랑이, 개미, 고래, 송사리, 참나무, 참새라고 불렀습니다.

이는 내 뼈 중에 뼈요, 이는 내 살 중에 살이요, 이는 아담이 잠에서 깨어나서 아내에게 한 말이요. 하늘은 땅이라, 땅은 푸른 광장이라 부르겠나이다. 진달래꽃, 장미꽃, 국화꽃, 함박눈꽃이라 부르겠나이다.

가관(佳觀)

꽃은 아름답다.

인간은,
다 아름답게 보는
심성이 담겨있다.

가(佳)는 미(美)
미(美)는 가(可)
가(可)는 아름다운 꽃.

명상

명·········
·········
·········
·········
점점점
·········
·········
·········
어둠이 있었다.
·········
·········
·········
빛도 있었다.

사랑을 받은 자

층층나무 상단에서
보호하시고

열두 폭 치마 속에서
건지시고

황금의 동굴에서
인도하신

만군의 여호와 하나님
감사합니다.

아버지 하나님
진실하게 살겠습니다.

예수님
복을 위하여 살겠습니다.

사랑이더냐

도(道), 길이냐
예(禮), 예의냐
덕(德), 덕이냐

다
좋은 걸
어찌할꼬.

걱정하지 말고
최선을 다하라.
호일호일(好日好日).

관음(觀音)

소리를 듣지만 말고
보아라.
주님의 생수를
마실 수 있을지라.

꽃의 향기를 맡지만 말고
들어보아라.
주님의 따뜻함을
맛 볼 수 있을지라.

하늘을 보지만 말고
들을 수 있다면
주님의 능력을
받을 수 있을지라.

꽃같이 아름답고
정다운 목소리로
능력껏 살 수 있다면
진실한 자로 살지라.

이름이 좋아야 한다

천사
스타
시인
대한사람

성도
목사
천국 시민
하나님 아들

좋은 이름이
기름보다 낫다.

심전(心田)

새 바람이 분다.
언 땅이 녹는다.
신명이 내린다.
굳어진 心田이 풀린다.

북풍을 몰아낸다.
살보다 더 부드러운
숨결은 육체를 녹인다.

양철이냐
솜털이냐
옳다, 아니다.

야옹야옹
고양이가 놀랬다.
박박 개새끼가
기어와서 고개 숙인다.

찬양하라

만민들아,
손바닥 치고 찬양 찬양하여라.(시편 47:1절)

나무들도
손뼉을 치면서 찬양 찬양하여라.(이사야 55:12절)

큰 물은
박수하며 노래할지어다.(시편 98:8절)

왕이신 하나님은
지혜의 시로 찬송 찬송하라(시편 47:6-7절)

찬송하리로다.
주의 이름으로 오시는 왕이시여
하늘에는 평화
가장 높으신 곳에서는 영광이로다.(누가복음 19:38절)

사람이 침묵하면
돌들이 소리지르며 찬양 찬양하라.(누가복음 19:40절)

시어(詩語)

아직도 안개 낀 장충단공원을
걸어가고 있다.
가면 갈수록
어둡고 어두운 터널 속으로
빠져 들어가고 있다.
실낱 같은 빛살을 찾으려고
들어가면 갈수록
더욱 더 깜깜해진다.
깊은 늪속에 빠지고 말았다.
더러워진 누더기옷을 벗고
더러워진 몸을 씻고
두 눈을 비비며 다시 본다.
개미 눈 만한 별이 보였다.
꽃은 아름다워라.
아!
나는 언제나
꽃을 여자라고 표현할 수 있을까
별들에게 물어본다.

시인

놀부는 거짓말만 하고
흥부는 진실만으로 산다.

소설가는 거짓말로 사실화하고
시인은 진실만을 노래한다.

나쁜 놈은 나쁜 놈으로 부르고
진실한 사람은 청결한 자라 부른다.

게는 앞으로 가라하여도
옆으로만 간다.

나는 '바담풍'하여도 너는 '바람풍'하라
혀가 두꺼운 자의 발성법이라.

시인은 진실만을 노래하니
영혼이 깨끗해지더라.

아멘 시문학

주여!
자기 영광을 원하는 자야
꿈도 꾸지 말라 하시는 이여
왕이신 만군의 여호와 하나님만
찬송하는 사람만 모이게 하소서.

주여!
거짓말을 먹고 사는 자는
접근도 못하도록 물리치시고
진실과 성실한 자만
기쁜 마음으로 모이게 하소서.

주여!
하나님의 영광을 위하여
유명한 자가 되게 하소서.
하루 종일 하나님만
자랑하는 동인 되게 하소서.

진실한 자여

땅은
정직하다.

빛도
진실하다.

노력도
마찬가지다.

사랑은
진실이다.

시인은
진실인이다.

향수 젖은 말

성님, 어디 가슈—
시방 장엘 간당께
한 말, 두 말, 스 말
엊그저께 가져갔지?

뒷간에는
달걀귀신이 있당께.

진지 잡수셨시유—
오냐—
어딜 가셔유—
저기—

니미, 어디 갔냐?
몰라유—

송사리 풋고추
애호박 넣고 보글보글
된장찌개 맛있지유.

삼천지교(三遷之敎)

동산에 올라
푸른 하늘을 본다.
엄마 구름이 아기 구름을 끌고 간다.
어미 새도 아기 새를 달고 간다.

컴퓨터는 하늘의
엄마별을 지구로 끌어온다.
지구촌의 아기별은 세계로 끌려간다.

삼남매, 미국으로 유학 보내고
아내도 따라갔네,
아빠 월급 다 보내네.

퇴근한 아빠는 라면발 치켜들고
선덕여왕 머리에 있는
왕관을 그린다.

진실

아이가 실타래를 굴리고 굴리다가 던지고 또 굴렸습니다. 엉키고 엉킨 실은 엄마가 밤새도록 풀려고 애를 썼습니다. 눈에는 눈물이, 손에는 피만 흐르고 있었습니다.

하늘에서 비둘기가 내려왔습니다. 호박씨가 떨어졌습니다. 호박밭에는 진실이란 열매가 매달렸습니다. 대로가 보였습니다. 장막이 일어났습니다. 호박꽃이 피고 있었습니다.

임과 잘 통하였습니다. 자자손손이 호박씨를 심었습니다. 이 산에도 저 산에도 호박이 열렸습니다. 흔들리는 창가에 보슬비가 내리고 있었습니다. 아이는 호박씨를 까고 있었습니다.

천심(天心)

유년시절
진달래꽃이
그저 좋았지

청년시절
장미꽃이
정말로 좋았지

지천명시절
그래도
국화꽃이 좋았지

첫사랑도
정조 있는 사랑도
좋지만
진실한 사랑이
최고야.

퍼펙트

숨을 멈추고
한 발짝, 한 발짝, 쉬잉—

같은 장소
같은 시선
같은 마음

한 레인
열두 레인
핀이 다 쓰러졌다

열 개
또 열 개
30점 60점

60점 90점
계산하기 좋아라.
마침내 다 쓰러졌다.

설교시를 쓰자

시를 최초로 쓰신 분은
하나님이셨다.
천지를 창조하시고
좋았더라 좋았더라 심히 좋았더라.

최초의 시인은 아담이셨다.
아내의 아름다움은
살 중에 살이요 뼈 중에 뼈요.

세계적으로
남을 만한 시인은 다윗왕이시라.
여호와는 나의 목자시니
푸른 초장으로 잔잔한 물가로 인도하시니
나의 잔이 넘치나이다.

부사의 속셈

정말
사랑해

정말
멋있어

죽고 싶다
할머니
정말?

시집 안 가요
누나
정말?

딱 한 잔만
정말?

천국의 수명

1에 보탠다.

0000000000

0000000000

0000000000

0000000000

0000000000

0000000000

0000000000

이보다 더 산다.

아빠의 노래

진경이는
진실하고

은경이는
은혜롭고

광경이는
광을 낸다.

우리
삼경

아멘
할렐루야.

성음(聖音)

맑은 물소리로
말씀하셨습니다.
네가 바로 나로다
따라 하라.
곧을 직(直)!

슈가 코팅으로
속살거리느냐?
어리석은 자여,
바벨탑까지
올라가느냐?
구덩이 갱(坑)!

요
3,6
복음
믿으면 영생.

7.29로 가자

순자는 성악설
맹자는 성선설을 주장하였으나

하나님 아버지께서
인간을 진실하게 창조하셨다.

인간이 꾀를 부려
천심(天心)으로
돌아가라,
본심을 회복하라 하셨으니

하늘은 늘 푸르고
진실한 자는 정직하리로다.
(전도서 7:29절)

개그(GAG)

순천, 밤에는 '갈 데'가 없습니다. 대대에 가면 '갈대'가 많습니다. 순천 갈대밭으로 무장공비가 출현, 여수 순천 사건이 뻴— 소리야. 용래가 던진 말, 뚝이 치가 뭐야요? 말뚝에 까치! 그래요? 대—자리는 무엇인가? 옥수수대 위에 잠자리, 시인 다은이 던진 말이다.

훈련소 소대장 왈, 귀관 고향이 어데인가? 소사리 상관입니다. 소사리 상관이 어데인가? 학교 밑에 있습니다. 순자 동생 창현, 훈련병의 집은 바로 학교 아래 있었다.

귀관, 자네 출생지는? 다리 밑입니다. 다리 밑이 어데인가? 엄마한테 말하세요. 귀관, 이름은? 나는 왕자입니다. 귀관, 춘부장의 존함은? 하 자 나 자 님 자입니다. 알았다. 차렷 열중 쉬엇! 푹 쉬어. 네. 소대장님, 명심하겠습니다.

성자의 도

교만의 산을 넘어
정욕의 강을 건너
온유한 세상으로

보다 더
진실하고
가면 갈수록 거룩한

하면 할수록
부드러운 사람
따뜻한 사람

보아도 더 보고 싶고
만나도 또 만나고 싶은
헤어지면 더 보고픈 사람.

시

말은 가슴을 타고
눈물을 흘리고요.

여인의 미소에서
이슬방울이 맺혀
붓 끝에 떨어지려나.

바람아
감정을 블랙홀에 던지고
우주정거장에 갈 때

눈물과 눈물 속에
눈물방울이 모아진다.

연꽃 위에서
학춤을 추다가
미소로 피어나리.

돌

세계의 모든 돌들이
순천 영동
중앙로에 있었네.

水石이냐
壽石이냐

목마른 자에게는
물 수 水石이요
구원을 원하는 자는
목숨 수 壽石이다

기자가 본 '수'는
물 수(水)이요
시인이 본 '수'는
목숨 수(壽)였다.

그 자리에

높은 고층빌딩아.
오르고 오른
최고의 자리
쌓이고 쌓인
지식아.
1을
빼면 天이요
1을
더하면 末인걸
그대로 있거라.
낮에는 해 아래
밤에는
달빛 아래 있나니.

더 큰 도둑질

야간의 외투 한 벌
은 이백 세겔
금덩이 하나.

우리아의 아내
밧세바와 동침한
다윗왕

팔계명
도둑질하지 말라.

돈 도둑놈아
열에 하나
삼키지 말라.

야!
날도둑놈아
주일은 먹지 말라.

익자삼우(益者三友)

수(水) 물이라 명하고
화(火) 불이라고 말하는 자여

전(前)에 보아도
명(明)이요
후(後)에 보아도
명(明)인 사람아.

청운지사(青雲之士)
청풍명월(淸風明月)
어디 가서 찾으리요,
바로 곁에 있으니.

바람이 일면
음이온을 생산하고
태양 별이 비추면
영롱한 별이 되느니.

2장

사랑 찾아 삼천리

밤꽃이 필 때

둥근 달밤에
밤잠을 이루지 못하던
젊은 과부는
밤나무 아래로 갔다.

밤꽃을 향하여
긴 호흡을 한다.
유월의 밤은
짧기만 하였다.

당신이 최고야

싫다
싫다 보다는
나쁘다
나쁘다 보다는
미워
미워 보다는
꼴
꼴불견 보다는
흥
흥 비웃기 보다는

좋아,
좋았더라,
심히 좋더라,
가슴으로 나누자.

사랑이란

사랑이란 무엇일까요?
심장이 두근거리는
고무풍선인가요?
좋았다가
빼어가는 요술쟁이?
깨지기 쉬운
유리잔이라면 조심.
가슴을 흔드는
극장인가요?
보화인가요?
꼭꼭 숨기고 싶어요
저절로
끌려가는 자식일까요?

첫사랑

눈물 속에 상처가 있었기에
상처는 고통을
고통은 좌절을 잉태한다.

진달래꽃의
전설을 알기도 전에
감정만 남기고 떠난 이여

보름달의 검은 점
쓰라린 상처에서
나오는 눈물인 줄은 모르시나요?

눈물을 흘릴 때
사랑을 도적맞고 좌절을 하였지만
체온 속에 남겨진 소리

고통과 좌절은
공동묘지에 묻어버리고
동산에는 진달래꽃을 심는다.

사랑의 모양

네 얼굴이
진달래꽃처럼 보일 때
첫사랑인 것을 알았다.

양 볼이
장미꽃처럼 보일 때
순결한 사랑인 줄 알았다.

온몸이
국화꽃처럼 보일 때
진실한 사랑으로 받아들였다.

때로는
찔레꽃 가시가 찌르니
사랑의 향기만 나오더라.

변하지 않고
주고 싶고 받고 싶은
영원한 사랑임을 알았다.

상사화

눈에 눈물이 고인다.
사모함이 젖는 때이라서

얼굴이 봉숭아같이 붉어지면
그때 포옹하던 순간이
떠오르는 때이라서

가슴이 뜨거워지면
밤잠을 못 이루고
찾아오시는 달님을 볼 때이라서

눈을 감으면
당신의 얼굴이 찾아온다.
가슴을 열면 얼굴이 붉어지는 때이라서.

망부석

눈길이 스치고 간 자리에
상처만 남고
바람이 스치고 간 자리에는
그리움만 남았다.

사랑이 스치고 간 자리에는
미움만 남나니, 빙글빙글 돌며
동그라미 그리다가
그만 하트를 그리고 말았지.

그대가 스치고 간 자리에는
큰 여운이 남았지.
말만 굴러간 자리에는
앵무새가 있었지.

소나기 후에 뜨는 무지개
향유로 밝힌 세상이었지.

사랑의 얼굴

보름달이 호수 수면으로
내려왔습니다

자식자랑을 하였습니다.
노총각이 돌을 던졌습니다.
얼굴이 이그러졌습니다.

별들이 졸고 있는지
소곤거리는 소리도 없습니다.
풀벌레 소리도 없습니다.

진달래꽃 활짝 피자
아지랑이 무등 타고 내려와
놀다간 후 시샘을 하는지

내 얼굴 둘글지요?
큰소리로 말하였지만
아무 대답도 없었습니다.

장미꽃보다

눈과 눈이 마주치니, 맑은 눈동자 속에서 본다. 호주의 시드니, 이태리의 나폴리, 브라질의 니오데자네이루, 대한민국의 여수, 푸른 바다에 신혼선이 두둥실 떠나는 것을 본다.

곁에서 본 신부얼굴, 에덴동산의 복숭아, 아로 새긴 은쟁반에 놓여진 사과빛이어라. 창문으로 훔쳐본 입술, 수백년 동안 숨겨진 포도주의 향이요, 금잔디 위에 선 드레스를 입은 붉은 립스틱이다.

어린 시절 몰래 접속한, 여학생의 입술이라. 봄향기를 마시고 아지랑이 무등 타고, 나비는 진달래꽃 속으로 파고들어간다. 아가서의 표현은 메꽃을 섞은 포도주라.

가득히 부은 둥근 잔
그 속에 잠들고 싶다.

질투와 자살

별같이 되지 못한다면
하늘을 쳐다보지 말라.

호랑이가 될 수 없다면
호랑이를 좋아하지 말라.

기와집에 살 수 없다면
발을 올리고 보지 말아라.

가슴에 있는 빛을 찾아
영혼 속에 있는 소리를 들어라.

몸속에 있는 보물을 찾으라,
눈속에서 광명주를 찾으라.

성남과 추남

함박눈이 내리던 날, 따뜻한 온돌방에서 칠면조 얼굴을 한 여인과 놀고있는 DON JUAN이 부럽더라.

창문을 열었다. 앙상한 나뭇가지에는 눈꽃송이가 피어 있었다. 비바람이 치던 날, 예수의 이야기는 거짓말이냐, 속살거리던 그가 결국에는 '당신은 나의 왕이요 나의 하나님이십니다.' 소리치던 그가 바로 루웰레스였다.

십년동안 십만 명 동원, 전차경기 장면에만 일만오천 명을 동원한 영화, 상영시간 15분을 4개월 연습하였다. 아카데미상, 11개 부문 수상작이다.

보고 또 보아도, 또 보고싶은 벤허 같은 글을 써라.

소식

벚꽃은 봄소식을 전하나니
꿀벌은 아지랑이 타고
벚꽃 속으로 들어간다.

김치 고추장
된장 송편
소리글 훈민정음
국제 무대에서 소리친다.

꽃소식
사랑소식
우리글 한글로
전세계에 알리라.

캄캄한 밤
별빛 속에서
님의 얼굴을 보여주는
광양의 매실 맛이다.

봄 잔치

봄바람 일면,
섬진강변에
벚꽃이 만발하면
광양의 벚굴이 먹고 싶다.

봄꽃이 보고 싶으면
여수의 영춘산에 핀
진달래꽃
축제장으로 가고 싶다.

순천만 정원
철쭉꽃 동산 아래
궁전을 돌고 돌아
사랑하는 여인과 돌고 돌아.

확인

사랑의
검문이 있겠습니다.
진달래꽃을
좋아하십니까?
네—
1차 합격

장미꽃을
좋아하십니까?
네—
2차 합격

국화꽃을
좋아하십니까?
네—
갑종합격
결혼하여도 좋습니다.

추석의 형상

왜?
순이 누나 입술
붉은 립스틱 칠했나?

가을
추수 끝내고
누나는 시집을 갔어요.

반달 같은
송편 속에
연자 얼굴도 보인다.

사랑 찾아 삼천리

노란 셔츠 입은 나비가
아름다운 꽃을 찾아 떠났네.
뒷동산 진달래꽃,
고을마다 찾아 나섰네.

설악산에는 아카시아꽃, 내장산에는 단풍나무꽃, 금강산에는 흰눈송이꽃을 찾았네. 태평양 하와이섬 바람산 산자락에 화려하게 핀 벚꽃은 아니었네. 반나절이면 찾겠지 믿었건만 10년을 지나서야 만날 수 있었네. 삼산이수가 있는, 갈대가 흔들리는, 순천만에서 향기 짙은 꽃 한송이를 찾았네. 요리보고 저리보고 아무리 보아도 꽃중에 꽃 장미꽃은 방긋 웃고 있었네.

천년송, 할아버지 할머니는 출산시킨 지리산 뱀사골의 천년수 마시고 피었네. 장미꽃 얼굴이 너무 고와 남해에 떠오르는 햇살이 없네. 풀잎에 매달린 이슬방울인 양, 은방울 금방울 영롱한 눈동자여! 노랑나비는 볼모가 되었네. 신부가 낀 다이아반지처럼 꽃술에는 침이 흐르고 있었네.

어린 시절, 배를 쓰다듬어 주시던 할머니 손같은 체온이라, 노랑나비는 그 품에서 잠들었네. 장미꽃의 소리는 내장산 남창계곡 몽계폭포소리 같아라. 섬진강 바람과 백운산 바람이 시샘을 하니, 매화향기 진동한다. 밤꽃 향이 날리면 전어축제 입맛 돋고, 벚꽃 만발하면 진상진월의 벚굴구이 비아그라였네. 광양 sum shine, 제철 강국 이루어 기회의 땅 광양, 전원도시 만들었지.

이 세상 다하도록
천년만년 살고파라.
장미꽃 향기에 취하여
단꿈을 꾸노라.

보름달에게

달아, 달아!
밝은 달아!
밝다고 뽐내지 마라.
자랑단지 뽐내지 마라.

너는
스스로 빛내는
발광체가 아니냐?

너는 반도체냐?
너의 엄마는
태양이냐?

먹구름이 질투하면
네 얼굴은 없어진다.
조용히 눈을 뜨거라,
별들이 졸고 있다.

나의 꽃

꽃 중에 꽃
장미꽃
네가 좋아하는 꽃
나도 좋아하는 꽃

1년 365일
온 세상이 즐거워하니
웃음꽃으로 만발하니
향기로운 꽃

나의 사랑
나의 꽃
돌아다니는 장미,
그대는 나의 꽃.

정겨운 손

보듬어주고
다듬어주시는
임의 손길.

부드럽고
따뜻한
정겨운 손.

사랑해요
좋아해요
당신은 아침햇살.

광야에
꽃을 피우고
열매도 가꾸네.

봄날

쑥이 강변에 쑥 나오고
버들강아지
눈 비비니 봄이다.

시내에
송사리 떼 놀면
얼마나 좋을까

동무가 보고 싶구나.
고향에 가도
만날 수 없는 그대

눈 감으면 떠오르는
뒷동산의 꽃
진달래꽃이 활짝 웃는다.

할머니

높은 소리도 없으셨다.
나쁜 소리도 없으셨다

얼굴은 미소
피부는 흰 솜

할머니
기쁘게 해드리는 것은
추석의 30리길
고모네 집에 가는 것이었다.

이리 뛰고 저리 뛰고
해 지는 석양이었다.

등잔불 끄고 잘 때
내 딸 강아지야
울 할머니
빨강고추 따시던 손.

정(正)

유리잔에
물이 있었다.

반이
들어있었다.

똑바로
보아라.

갑과 을은
반반이네.

느림의 미학

거북이는 산란을 위하여
1,800km까지 여행한다.
호랑이는
천리를 달린다하여도
걱정을 할 것은 없다.
비가 오면 바위 밑에 숨고
날이 추우면 굴속에 숨는다.

고속버스가
논스톱으로 고속도로를
신속히 달리고 있을 때
쇠똥구리와 달팽이는
휠체어 타고 여행을 떠난다.

사랑하기에

장미꽃이
신 사과를 먹는다면
나도 먹으리라.
장미꽃이
단감을 싫어한다면
나도 안 먹으리라.
장미꽃이
안 간다면
나도 안 가리라.
장미꽃이
웃는다면
나도 웃으리라.
장미꽃이
벗으면
나도 벗으리라.

추녀

장미꽃같이 아름다우나
이리 흔들 저리 흔들
바람 따라 흔들린다.

얼굴은 백옥같이
빛나고 있으나
옷은 던져버리고
유방이 늘어졌으니
들쥐 잡는 개가 웃는다.

바람 치는 날에는
늙은 호박이라 부르며
나무에 앉아있는
까마귀와 손을 잡느냐.

어여쁜 당신

강릉과 삼척
아름다운 금강 소나무

지리산 뱀사골에 있는
섬진강변의 매화향기

담양의 대나무
서울 남산에 핀 무궁화꽃

논산 은진의 딸기향
봉화의 사과 순천의 단감

고흥의 유자 보성의 녹차
향과 맛과 멋.

갈대의 정

봄바람에도
얼굴이 간지러워 살랑대고
다가온 여름 태양 볕에도
굳건히 서 있는 너
가을에 이는 삭풍에도
한들한들거리면서
겨울바람을 기다리는
순천만의 갈대야.
속살을 내보이지 아니하는
뻘 속에 있는 장뚱어의 맛
동풍 따라 나와서
갯벌과 숨바꼭질 하느냐?
시베리아로 날아간
흑두루미를 부르다가
칠면조와 꽃게하고도
속살거리는 너 갈대야.
먼 고흥반도를 끌어들이면서
순천만을 지키고 있는
용봉산도 끌어들이느냐?

무진기행을 아는
여자만 꼬막의 맛을
끌어들이고 있는 순천만
갈대들의 노래를 들어보라.
겨울에는 회색일세
봄에는 새순구슬일세
여름에는 초록색일세
가을에는 여로의 군상일세.
넓푸른 바다와
대대포구 70만평,
갈대의 노래를 듣는다.
꽃과 나비를 부른다.
사랑의 노래를 부른다.

마파람아 불어다오

동풍아 불지 마라.
다 익은 곡식이 되면
눈물만 나온다.
동풍아 불지 마라.
독도의 돌나무가 흔들린다.
동풍아 불지 마라.
더러운 것이 싹트면 어쩌나
님 떠날까봐 눈물이 난다.
불 테면 불어라
마파람아 불어라.
신바람 나게 불어라.
마음 속에 불어
불바람이 활활 타도록
사막에
노랑 국화꽃이 필 때까지
신바람 나게 불어라.

매화

섬진강변의
매화 향기

눈 속에서 핀 매화꽃
한그루가 더욱 아름답다.

꽃향기 가득한
따뜻한 남쪽의 고장

광양 다압 따라
마음속에 피는 꽃

그 향기를 그리다가
취해버리는 꽃.

산수유

천 년 전
중국 산동에서
열아홉 살 처녀가
지리산 산골로 시집왔다.

산수유를 심었네.
그 이름은 백부전,
여수반란 사건 때
끌려가면서 부른 애가.

"잘 있거라 산동아,
너를 두고 나는 간다."
산수유 꽃마다 정을 두고
할머니는 기다리는데

전설보다 더
아름다운 꽃향기가 있더냐?
지리산 자락에서
웃고 피는 저 역설.

눈물의 꽃

행복이란
눈물과 아픔의 씨로
피어나는 아름다운 꽃

사랑이란
행복의 아름다운 향기로
피어나는 꽃

아름다움이란
행복의 눈물과 사랑의 향기로
하나된 꽃.

느티나무야

심한 교만인 줄을
너는 모르느냐?

네가
아무리
크고 크더라도
오래 살고
살더라도
하늘 아래
서 있는
존재일 뿐.

품을 찾는 새들의
작은 숨소리를 지키렴.

3장

보석의 나라

한국인의 목소리

영일만 '친구'가 무엇인가?
동무 동무 내 동무

매운탕의 '지리'가 무엇인가?
싱건탕이라 부르자.

'와사비'를 달라고 하는가
고추냉이를 요구하라.

면과 육수 그리고
고추냉이가 어우러져
냉면 맛을 내는 것일진저.

보석의 나라

반만 년 동안 숨겨진 보화. 순천만 국제정원박람회. 청소년국악제에서 보았네. 해금 가야금 꽹과리 장구 북과 징소리 국악오케스트라, 창 무용 민요 판소리 국악은 흥이 넘쳤다네. 아리랑, 아리랑 아라리요. 아리쓰리 아라리요. 쓰리 아리랑 고개로 넘어간다.

쇠젓가락으로 검은 콩을 집어먹는 민족, 스마트폰시대의 왕, 효의 대명사, 심청가를 부른다. 사랑의 진실, 춘향가를 부른다. 형제의 정 제비의 다리 고쳐준 자연보호 운동가 흥부가를 부른다.

된장 청국장 김치찌개 보리밥에 꿀맛, 애고추 풋고추 빨강고추 비타민C가 풍부, 고추장 찍어 먹는 민족, 서울에는 아리수가 흐르고 평양에는 대동강이 있네. 백두산 두만강 압록강 한탄강 계룡산 지리산 금강 섬진강, 제주도 이어도, 울릉도 독도, 낙동강 오륙도, 서울 창덕궁, 평양 모란봉, 순천에는 순천만, 여수에는 오동도.

단군왕검 왕건 광개토대왕 김유신장군 세종대왕 이순신장군 고종황제 이승만 김대중 손기정 차범근 김연아 김수환 손양원 안중근 김구 유관순 김소월 이광수 현인 안익태 무궁화꽃이 피었습니다. 삼천리 금수강산 동방예의지국 제사장 나라, 새 세계를 만들어가는 나라.

동해의 무릉계곡, 삼척의 환선동굴, 속리산, 정이품 소나무, 삼척 강릉의 황금송 소나무, 뒷동산에 진달래꽃, 꽃꽃마다 장미꽃, 우주의 종말이 온다고 하여도 백의민족은 국화꽃을 심는다. 아! 대한민국, 아리랑 아라리요, 아라리가 났네.

천년의 한

솔솔 불어라. 금강송 송홧가루들이 춤을 추도록 불어다오. 지리산 뱀사골의 천년송, 기다리는 할머니송 소원 이루소서.

준경묘를 지키고 있는 미인송과 정이품송이 결혼을 하였네. 아들딸 환선굴 대금굴, 또 있으리니 셋 넷 다섯 여섯 일곱 송아. 핫팬츠 입은 금강송의 롱다리, 이조여인보다 더 사랑에 취한 빨강색이라. 사랑하므로 준경묘를 기다리는 영경묘, 백두대간 타고, 남으로 남으로 여기까지 왔네.

황금빛 받으면서 태어난 대금굴, 솔솔 바람아 불어라. 높은 나라로 가신 임 속히 임하소서. 아카시아 피는 계절에 임하소서.

백운산 푸른 나무

광양읍 동쪽에 있는 백운산은
흰구름을 이불 삼아 잔다.

아침 안개로 내려와
푸른 나무들을 깨우며
꿋꿋이 사열하다가

아파트 울타리에 핀
붉은 장미에게도
사랑의 마법을 선물하여
영롱한 이슬이 맺히게 한다.

백운산 능선에 임재하시는
그 분의 모습을 보며
푸른 나무들은
흰구름 속에서도 길을 찾는다.

에스더의 깃발

삶의 누더기 옷을
태울 수가 있다면
광양제철소 용광로에
이 몸을 던지오리라.

하늘의 별똥별이 떨어져
민족동산에 꽃이 된다면
이 몸이 흙이 된다하여도
이 한 목숨 기꺼이 드리오리라.

내가 죽어 네가 살고
민족이 살고
나라가 바로 선다면

가시고기야 가시고기야
노래만 부르는 자가 아니라
십자가를 즐겁게 지고
백두산 정상까지 가오리라.

지명의 노래

산은 평안하다하여
안산인가.

양들의 안식처 안양
어둠아 물렀거라 광양
무조건 하늘에만 순종하는 순천.
하늘을 공경하고
사람을 사랑하는 내 고향 경천

은혜의 동산
사랑과 축복의 동산
다은교회.

청계천

한양의 배수로였다.
60년대까지
판자촌 아니
거지 뚝방이었지.
청계천은
썩은 똥물이었다.
청결운동으로
송사리가 뛰어오르고
어린이가 미역 감는다.
푸르고 푸른 강을 위하여
국화꽃도 심어보자.
장미꽃 진달래꽃
사랑의 꽃을 심자.

김제 평야를 보라

풍년이면 무엇하나
곳간에서 잠자는구나.

인스턴트 식품을 멀리하고
아이들에게 쌀밥 먹도록 하자.

쌀과자 쌀국수
쌀사탕 쌀빵

너도 한 개 나도 한 개
그도 한 개 나누어 먹자.

광양의 축제

축제 열었네. 광양 서천변에서 숯불구이 축제 열렸네. 오색찬란한 불빛 아래 귀양 온 선비들이 먹었던 백지장 같이 얇게 썰어진 암소고기 산뜻한 맛의 향기, 아이들의 딱포소리, 노래자랑 음률 속에서 군침이 나온다.

설야벽의 전설, 송나라 태조 황제는 눈이 내리는 날이면 동무집을 찾아가서 숯불구이를 먹었다네. 참나무 숯불 위에 구리적사를 올리고 송아지 아니면 암소의 살을 가로로 종이같이 썰어서 마늘과 양념으로 재운 고깃살, 알카리성 회분은 지방성분을 삼키고 익은 듯 할 때 먹으면 천하일미 마로화적이라.

아! 잠깐만, 조선파로 만든 파김치, 고기국을 담은 작은 냄비에 남은 고기를 몇 점 넣는다. 마늘 파김치 풋고추 썰어넣고서 바글보글바글 끓여라. 집 나간 아들 생각나고 눈만 내리면 찾아보던 왕의 동무가 떠오른다. 마로현이라고 불렀던 별과 빛이 어우러진 광양에서 큰잔치 열었네. 매실과 전어축제 벚꽃 만발하면, 벚굴구이 축제는 간을 녹이고 불고기 축제가 가을 입맛을 돋군다.

밤하늘의 별들도 물고기 굽는 향에 푹 빠져서 서천물에 잠긴다. 물속에 잠겼던 아기별은 눈물을 흘리면서 방긋 웃고, 남해바다로 흘러가네요. 아이 참 아시나요? 밀물과 썰물이 만나는 곳, 강물과 바닷물이 만나는 곳, 세계에 유일한, 아니, 아니, 대한민국에서 유일한 진상의 망덕 진월의 벗굴을 아시나요?

벚꽃이 만발할 때 벚꽃의 축하를 받으면 찾아오는 벗굴들, 건강하세요. 120세까지 사세요. 조국을 위하여 국민을 위하여, 벗굴구이 잡수러 오세요. 축제 축제, 광양 축제 열렸네. 축복의 푸른 물이 파도치네요. 주여! 감사합니다. 이 땅에서 축제마당이 피었네요. 오늘 태양의 두 눈에서 쌍감절로 빛을 보내시네요.

하관

세 마지기 부족한
천 마지기 논이 있는 마을에
지렁이가 살았네.

긴긴 봄날
하루를 보내는데
배가 고파
뒷산의 소나무껍질을 먹었네.

짱짱 메말라가는 때도
넘어가는 보릿고개

육십령고개도 넘어 70이라
지렁이 같은 야곱은 지금
별나라 가는 용이 되었네.

우리 광양 만세

서울 서울
서울만 부르지 말라.
부산 부산
부산만 부르지 말라.
대전 대전
대전만 부르지 말라.
광주 광주
광주만 부르지 말라.
이제는 광양, 광양도 부르고
순천, 순천도 부르고
여수, 여수도 부르라.
여수 엑스포
순천 정원박람회
광양철강 엑스포도 열자.
매실불고기
전어, 벚굴도 먹자.

남도 예찬

세 가지 많아서 좋기도 좋다.

첫째, 먹을거리 많아 좋다. 김 벚굴 전어 꼬막 짱둥어 멸치 광양숯불구이 순천한우 여수오리 순천단감 보성녹차 고흥유자 곡성메론 돌산갓김치

둘째, 볼거리 많아 좋다. 순천만갈대밭, 정원과 낙안민속촌, 송광사, 선암사, 여수엑스포장 오동도, 진남관 돌산대교, 돌산수족관대교, 이순신대교 거북선대교, 광양의 백운산 김의대부, 김여익기념관, 시인 서정주 기념집, 도선국사 수도전과 동백꽃, 다암의 매실마을, 섬진강변 벚꽃길, 여수 손양원 목사 기념관, 순천 기독교기념관, 기독교의 산실 매산학교, 광양 100주년 기독교 기념관, 광양 철의나라 제철소. 돈도 많아 좋다 좋아. 광양읍 덕례리 아울렛 장터, 전남 미술기념관, 다은교회, 꽃 풀 나무, 물은 맑고도 맑아라. 아름다운 전원도시, 좋고도 좋아라.

셋째 정이 많아 좋다. 땅, 정든 땅 정든 사람, 정이 오고 가고, 정이 많고 많아, 주기 좋아하는 사람들, 친절한 사람들, 정이 많아서 좋고도 좋아라. 순천 가서 인물 자랑 말라. 여수 가서 돈 자랑 말라. 벌교 가서 주먹 자랑 말라. 광양, 제철보고서, 철이 들면 어떨까.

sun shine

육체는 고목이 되어도
마음은 푸른 하늘
사랑은 언제나 청춘

그대가 좋아하는 풍경화
푸른 소나무야
저리 가거라.

언제나 청춘가를 부른다.
푸른빛이 가슴에 비칠 때
가면 갈수록
언제나 sun shine
끝은 오지 아니한다.

남쪽나라 광양

언제나 sun shine
매실꽃 벚꽃
진달래꽃 목련꽃
화려했던 봄꽃이 다 떨어졌다.
잔인한 4월 같지만
바로 찾아온 아카시아 향기는
장미꽃을 부르는데
태양은 대지를 뜨겁게 만든다.
꽃이 떨어진다 하여
인생을 무상이라 소리치느냐!
하늘은 높고 벼이삭은 황금빛
감은 붉어가는데,
하늘에서 흰꽃이 내린다.
광양은
언제나 sun shine
마지막이란 단어는 없다.

독도

섬나라 까마귀의
헛소리 하는 자를
잠재우는 파수꾼

환상의
호텔을 짓자
쉴 곳을 만들자.

향기를
마시도록
무궁화꽃도 심자.

한반도 아리랑

우수수 삭풍이 불 때마다
떨어진 꿈나무들
아리아리 아라리요
아리수가 파도를 친다.

지금도 아리수는 흐르는데
반만년의 선남선녀여
쓰리쓰리 아라리요
아리수 아리수
인정이 파도친다.

아리랑
아리수 쓰리랑
아리아리 통일조국
아리수 아리랑
희망이 파도친다.

옛날이여

보리수인가요?
아리 아리랑 아리수강물
여의도의 사랑은 맴돌고 갈 때
송사리떼들은
삼국 장군들의 눈싸움을 본다.

고구려 신라 백제
마한 진한 변한
삭풍이 불면
보리수인가, 쓰리 아리랑인가?

아리수가 여의도의 사랑을 맴돌 때
들풀들의 꺾인 이파리
피가 흘러서 아리수인가.
하늘에서 별똥별이 떨어질 때

아리수 물결이 출렁이고
남산에는 노란 국화꽃이 피나니.

유칼립투스

밑둥만 남기고
잘라도 다시 자란다.
생산능력이 뛰어나다.
1년에 10m까지 자란다.
몇 년 내에 100m가 자란다.
거목이다.
목재의 사용가치가 크다.
수증기 등유도 쉽게 뽑을 수 있다.
식유식물이라고 부른다.
호주가 원산지
강한 생명력을 가졌다.
30m까지 뿌리를 내린다.
웬만한 바람에도
흔들리지 않는다.
대망을 가진 자여
좌우에 흔들리지 말고
유칼립투스가 되어라.

작은 자여

꼬리가 길면 잡힌다. 악한 자가 처음에는 잘되는 것 같아서 계속하다가 결국은 잡힌다. 여우꼬리는 길다. 얼굴은 천사이나 꼬리는 추하다.

개미의 눈물, 3대독자는 동산에 묻고, 엄마가 흘리고 있는 눈물은 얼마나 쓴 눈물인가. 개미도 눈물을 흘린다. 하룻강아지 범 무서운 줄 모르느냐. 힘 세다고 주먹 자랑을 말라.

모기발에 워카, 야! 라면도 먹을 수 없는 주제에 300만 원짜리 팬티는 왜 사느냐. 내 손에 장 지져라. 절대로 너한테는 재산 못 맡긴다. 내숭 떨지마. 속에는 악, 겉으로는 정숙한 척 얼굴에 검정칠했느냐.

위장술의 기술자, 맞선볼 수밖에 없는 사연, 정중하게 거절하는 현숙한 여인이라고 할까. 벼룩도 낯짝이 있지. 자기 눈에 띄는 여인들과 자기 마음대로 놀아나고, 자기 일에 반대 하는 자를 수없이 죽인 연산군, 역사상 가장 악독한 폭군, 개새끼 같은 놈은 새 발에 피다.

이성계는 고려를 송두리째 먹었다. 누가 나쁜 놈이라고 하느냐? 산모퉁이를 팔아먹은 자는 도둑놈이지만, 산 전체를 먹는 자는 도둑놈이 아니야.

여보시오. 벗님네들 잘 들어보시오. 씨 중에 가장 작은 씨는 겨자씨입니다. 겨자씨 만한 믿음만 있어도 이 산을 바다에 던질 수 있다. 가진 것 없어도, 알아주는 자 하나도 없어도, 한탄 말고 낙심 말고, 이 믿음을 주신 분 믿고 사십시오. 기적이 일어납니다. 작은 자여, 당신은 바로 위대한 자입니다.

베르테르

홍콩의 나비 날갯짓에
샌프란시스코에서는 소나기

자라에게 놀랜 사람이
솥뚜껑보고도 놀래느냐?

안돼 안돼
국민이 제일이다.
통일이 제일이다.

착각은 노망의 지름길
지옥의 혓바닥
피투성이라도 살아남아라.

함정선은?

고종때 흘렸던 눈물
지금은 아리수에
흐르지 아니한다.
송사리 떼도 없다.

여의도 나루에는
나룻배가 없어졌다.
고함선만 표류한다.

스캔들이냐 로맨스냐
시원한 육각수 언어를
구사하는 모습이
TV에 나오면 좋겠다.

우군이 결정하면
애국가를 부르고
좌군이 결정하면
어깨띠를 매는가.

촛대바위

구름이 삼킨다. 파도가 때린다. 바람이 보듬는다. 작년에도 올해에도 어제도 오늘도 그리하였다. B.C.에서 A.D까지, 수천 년 전에도 세월을 탓하지 아니했다. 삼키면 눈을 감고 때리면 눈물 흘리고 불면 가슴에 안았다. 스르륵 탁탁 구름 속으로 사라지는 줄 알았다. 센 바람이 뽑아가는 줄 알았다.

동해 푸른 물에 목욕을 한다. 태양빛을 마시고서 쌍둥이를 출산한다. 처녀가 보고 총각도 본다. 아이와 노인, 아저씨와 아줌마, 할머니와 할아버지, 큰아들은 목사, 작은아들은 대통령, 큰딸 작은 딸, 쌍둥이는 빙그레 웃고 있다. 파도는 노래 부르고 있다.

구름이 사라졌다. 바람도 사라졌다. 햇볕은 쏟아졌다. 썰물 밀물이 먹었다 뱉었다 촛대를 씻는다. 햇볕과 바람이 손에 손을 잡고 놀고 간 후에 모래알은 은빛보다 더한 금빛을 토한다. 바람아 불지마라. 아카시아 꽃향기야, 너 동해바다를 좋아하느냐? 촛대바위가 미소를 보낼 때 열차는 정동진을 향하여 달려간다.

무궁화 성명록

무궁화는 우리나라꽃, 이름도 아름다워라. 아사달 고주몽 사임당 새아침 산처녀 눈보라 배곶 에밀레 충무 선덕 평화, 새아침과 섬처녀가 눈보라 속의 계월향, 백조가 에밀레종을 친다.

충무정신, 선덕은 베풀어서 평화의 꽃이로다. 내 사랑 전하리. 소경 아내의 한, 태평양을 건너 하와이에, 무궁화로 피어나리. 꽃잎은 마른다한들 잎은 떨어질 수 없노라. 무궁무진한 꽃이라고 불러다오.

울타리꽃이라 불러다오. 번리화로다. 열한 가지 뿐이더냐? 아! 더욱더 부르고 싶구나. 무궁화의 꽃말, 섬세하게 아름다움이라, 그 이름 아름다워라, 무궁화.

울 엄마

맘껏 야단치시고요.
"야—이놈아,
열손가락 깨물어서
안 아픈 손가락 있느냐?"

큰소리 치시고서
눈물을 머금고
무거운 새우젓 판을 이시고
싸리문을 나가시던
울— 엄마

여덟 식구 먹이기 위하여
보리밥 한 그릇도 제대로
잡수시지 못하던 울— 엄마

지금도 살아계시니
아흔다섯이신 데도
"큰 애 왔느냐?"
좋아하시며

내 손을 잡으시는
울— 엄마

“엄마!
백수하시니
우리 가문에 영광이요
하나님 자랑입니다.”

“올 봄에도
봄바람은 불어올 거야요.
엄마
울— 엄마
건강하셔서 감사합니다.”

내일은 추석이다

내일은 추석이다.
내 이름은 명길
주민등록에는 명길
족보에는 종길
국민일보에도 명길.
이땅에서 사는 동안
밝은 길을 알리는
전령사가 되리라.
추석절이 오면은
인자하시기만 하셨던
할머니를 생각하노니.
"내 쌀강아지
고추가 이쁘기도 하지."
은방울 같았던
할머니의 목소리는
가슴 속에 잠겨졌지.
추석절을 기다리면
그 음성이 들린다.

생명

6.25
북녘땅을 빼앗겼다.
5.18
민권을 빼앗겼다.
공산당
동포를 빼앗겼다.

3.1
조국을 찾았다.
4.19
민주주의를 찾았다.

게다—
독도를 빼앗으려한다.
복음
생명을 찾는다.

긴급발언대

총재가 30명,
그 위에 대표 총재
이제 그만, 총재는 한 명만.

회장이 50명
그 위에 대표 회장
이제 그만, 회장도 한 명만.

구정물을 건드리지 마라.
파리새끼들 빠질라.
과거사 청산 미명 아래
사람들은 죽이지 말라.
이제 그만
과거에 끌려가지 말고
미래로 달려가라.

시간이 없다.
국가를 이끄는
기관사들의

옷에 먼지를 털지 마라.
개미군단 감기 든다.

정책 대결로 승부하라.
그리하면 미래가 보인다.
태평양이 보인다.
하늘문도 열린다.
무궁화꽃이 핀다.

선생님 전 상서

높아만 보이시던 선생님, 곱하기로 생각을 하여도 무한감사를 드릴 수밖에 없지만, 스승의 날에 즈음하여, 글로 고마움을 담은 제가 초록빛 나뭇잎 앞에 서면 부끄럽습니다. 오동나무 꽃처럼 얼굴이 보라색으로 변합니다.

2001년 1월 1일 국제펜클럽 본부에서, 사회주의 국가도 포함된 94개 사화 문인들이 모였습니다. 성경 창세기 1장 1절, 태초에 하나님께서 천지를 창조하셨느니라. 역사상 최고의 문장으로 선택되었습니다.

이 문장의 일천 아니 일만 분의 일이더라도 좋은 문장은 다른 문장으로 쓰고파 가슴 두근거리는 소리에, 감히 선생님의 光明珠 같은 고귀한 문장을 몽땅 도둑질하고 싶은 심정으로 큰 절을 올리면서 이 글을 쓰고 있습니다.

2004년 5월 12일, 小弟 다은 올림

독과 약

밭을 갈고 콩 심고
논에 모를 심을 때
"더 먹어라."
"예!"

소시지
초코렛 햄
닭다리
이 시대의 독이 되고

햇볕을 벗할 때는
떡을 돌렸지요.
형광등 속에 사는 지금은
갈대도 싫다하지요.

아파

아파! 아픈 곳은 또 때리지 마라. 초등학교 호랑이 선생님은 양손으로 귀밑머리를 위로 치켜 올린다. 주판알로 머리를 드르르 드르르 민다. 얼마나 아픈지 눈물방울이 눈썹으로 나오다가 눈속으로 되돌아가는 것 같다.

이혼했다는 것은 슬픈 것, 왜? 뒤에서 수군거리고 손가락질 하느냐? 왜? 돌을 던지느냐? 아파! 제발 아픈 곳은 때리지 마라.

빈민국에서 밀알이 되고 있는 탈렌트 김혜자씨는 이런 말을 하였다. “영양실조에 배 곯아서 우는 자에게는 꽃으로도 때리지 말라.” 이 말 한 마디가 내 머리를 때린다. 아파! 아픈 곳을 꽃으로도 때리지 말라.

보약

무공해
야채를 먹듯이
무공해 설교를 하자.

신자의 영혼을
깨끗하도록 하기 전
설교자가 무공해인이 되라.

기도와 말씀으로
거룩하여야 한다.*

소망을 주님께 두어라.
주님 같이 깨끗하라.**

* 디모데전서 4:5절
** 요1서 3:3절

사사오활(四死五活) 인생

꽃망울만 보아도 가슴이 울렁거린다. 눈썹에 눈물이 맺힐 때 나는 사각호수에 몸을 던지려고 달려갔다. 동무 때문에 살았다. 아리따운 여인만 보면 온몸에 전류가 흐르는데, 행복한 결혼에 실패하였다.

나는 아리수에 죽으려 하는데, 고향 앞에 버드나무 올봄도 푸르련만, 유행가 가사가 떠올라 고향이 그리워지고, 엄마의 품속이 그리워, 그 따뜻한 품에 안기고 싶었다.

달빛에 반짝이는 아리수를 뒤로하고 셋방으로 돌아왔다. 주님 부르심에 감격하여 일사각오로 사명을 다하려고 노력하였다. 서울 사당동에서 개척교회를 하였다. 2년이나 지났으나 겨우 5명의 신자였다.

죽으면 죽으리다. 한벌산 기도원에서 39일 금식기도를 하였다. 주님께서 살려주셨다. 마지막 임기, 유종의 미를 거두리라. 님 따라 꽃 따라 사명 따라 따뜻한 남으로 사명지를 만들었다.

지난 죄는 용서 받고, 남은 생애 진실하게 살자. 7만평 대지, 12,000명의 신자, 동리는 318명, 전원교회를 만든다. 이 나라 이 민족을 살리는 성전을 건축하니, 은혜, 사랑, 복 있는 교회가 되자.

큰 혹 때문에 쓰리고 아팠다. 대장암이었나, 하나님께서 살리셨다. 물 한 모금도 마시지 못하였다. 고무풍선처럼 떠 있었다. 비몽사몽이었다. 꿈인지 생시인지, 몸 밖에 있었는지 안에 있었는지, 주님의 육체가 내 몸에 들어오셨다. 나는 주님의 분신이었다. 결국 나를 살아나게 하셨다.

그후 스룹바벨 성전을 건축하였다. 오시네, 오시네, 가실 때 다시 오마 하신 주님, 나팔소리 울리시면서 천군천사 대동하시고 구름 타고 영광 중에 오시리니. 4번 죽었다. 5번째 사는 인생. 주, 예수님 속히 오소서!

생명의 힘

내장산 백양사 등산길
수백년 묵은 고목나무
사람이 쉬어간다
바람도 쉬어간다
햇빛은 놀다간다
산새들도 놀다간다
다람쥐가 숨는다
지렁이도 숨는다.

양 백 마리가
내려다보는 골짜기
돌돌돌
이 골짜기의
물소리는 요란하다.
늙은 나무라고
비웃지 말라.
텅 빈 가슴을 열고
가지에 새순이 돋아
봄소식을 전한다.

사냥꾼에게
팔뚝 잘린 느티나무
옹이에 새싹은
햇볕을 받아서
초록빛을 더하려나.
나는 발걸음을 멈추고
시선을 고정시킨다.
마른가지에도
새싹이 돋아나고 있다.

감자

칼을 잡았다.
붉은 옷을 벗기었다.
흰 살은
아파하지 아니하고
흰 눈물만 흘린다.
칼날에 고개를 숙이니
발 아래에 있는 산천초목도
사람들도 조용히 있었다.
칼을 주신
주님께서 자장가를
들려주시는지 몰라도
별들이 졸고 있었다.
달 밝은 밤에
아이가 강아지와
놀고 있을 때까지
깊이 자고 있었다.
옷을 벗고 있었다.

숲

성냥불을 던졌다.
활활 타올랐다.
소나기가 쏟아지니 축 늘어졌다.
그대가 떠날 때, 물폭탄이 떨어지고
그대가 찾아올 때는 활화산이었다.
바람이 자면 새들이 찾아왔고
침묵할 때는 그대 가슴을 더듬었다.
바람아 불어다오.
솔솔 불어다오.
바람아 입술을 보듬어다오
가슴을 스치어다오
두 봉우리를 살살 쓰다듬고 가려무나.
지칠 때는 열두 폭 치마 속에
조용히 잘 것이다.
참새들이 노래할 때까지.

청풍명월(淸風明月)

송충이는 소나무잎만 먹는다.
순천만 짱뚱어는
흑두루미 날아오기 전
뻘 속에서 겨울잠을 잔다.
상사화는 줄기가 먼저 나와서
얼굴자랑을 한다.
음이온이 날아와서
솔잎을 마시면
파워 걷기 하시는
할머니 허리가 펴진다.
사랑의 늪 속에 빠진 자가 되렴.
우리 사람은 푸른 하늘만 본다.

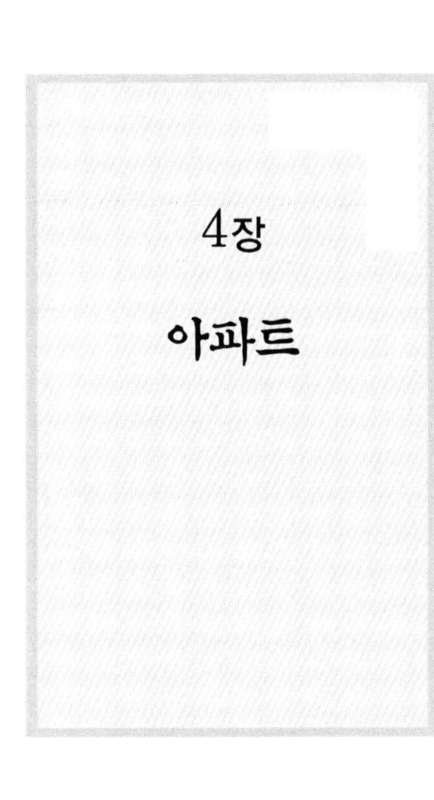

4장

아파트

아파트

14평, 21평, 33평
크든 작든 휴식처

가족들의
사랑방 놀이방
가든, 웃음의 천국.

사랑이 없으면
쥐들의 천국
썩은 곰팡이의 고장

찬바람도 없고
사계절도 없고
별이 없어도 행복하네.

파라다이스

부성아파트 610호, 정문에는 초등학교가 있다. 한국의 꿈나무들이 자란다. 610호 서쪽 창을 열면, 푸른 하늘이 금물결, 남쪽 창을 열면 순천 광양 4차선 국도, 덕례 1지구 2지구 가로지르는 마을 도로다.

전통가옥 연립주택 작은 아파트 큰 아파트 작은 빌딩 병원과 약국 대형마트 구멍가게 작은 빌딩 여관 마을 오고가는 사람과 차량, 차도에 심어진 가로수가 좋다.

밤에는 달빛과 별빛, 낮에는 햇볕과 구름, 바람도 보일 듯 말 듯한 6층, 산 밑에 대학교, 쌍벽을 이루어 대한의 일꾼을 기르고 있다. 가끔은 열차소리도 들리지만, 강아지 소리가 더 크게 들린다. 저 멀리 광양만권의 제철항이 보이고 바다가 보인다.

하나는 으뜸수로, 하나님의 수이기에, 육은 인간수인지라. 으뜸수 하나와 만나니 완전수 7수가 되나니, 퍼펙트일진저. 610+0=7이라, 온 천하가 내 가슴속에 들어오니 산천초목이 춤을 춘다. 부성아파트 610호, 우리의 낙원이다.

천사

고운 얼굴
상냥한 미소

부드러운 혀
고운 목소리
아름답고 고운
따뜻한 마음

부드러운 손
레몬의 향기

호수같이
맑고도
영롱한 눈
우리의 천사.

여기

속고 나서야
억- 하느냐.
터지고 나서야
우느냐.

배신 속에
고민하느냐.
길 잃고서야
방황하느냐.

모르고서
빠졌느냐.
이리오라
여기 좋은 곳이 있다.

바로
하늘 天
나라 國
천국이 있다.

대박이요

"큰 부자 되세요."
전화를 하였습니다

"대박 터지세요."
사모님도
큰 복을 빌어 주셨습니다.

1년도 가기 전에
사모님께서는
손자 쌍둥이가 태어났으니
대박이었습니다.

다중이의 웃음

횡계에 가서 맛있는 것 먹자. 다중이는 무릎을 탁 치고서는 아이고 아파라 소리친다. 눈이 내려서 흰 눈 세상이 된 썰매장 횡계에서 황태구이 백반 먹던 그때가 생각난다.

다중이네 집에 가서 맛있는 것 먹자. 짝짝 손뼉을 치면서 깔깔대며 화들작 웃던 다중이의 얼굴이 보인다. 활짝 웃는 입속에 보이는 하얀 이가 더 희게 빛난다.

다중이 아빠 엄마, 보리밥을 맛있게 먹었다. 나와 다중이는 부라보콘을 700원에 샀다. 아이스크림 한번 먹고 아이구 맛있다 냠냠, 두 주먹 불끈 쥐고 바르르 떠는 다중이가 귀여웠다.

사랑의 표현

눈 덮인 산봉우리
쏟아지는 아침의 태양
눈이 부시도록 찬란한 빛

오시며 약속하신
주님의 선물인가요?

참나무의 낙엽이
떨어지면서 춤을 추는 것은
이 땅을
사모했기 때문인가요?

새가 날아가면서 부르는
노래도 주님의 선물인가요?

다정아

꽃은
물을 마시고

땅도
물을 머금고

사람은
정을 먹고 산다.

사랑이 많아
다정이요

은혜가 많아
다은이요

복이 많아
다복이다.

순간

해일로 말미암아
도시가 없어진다 하여도
공중에서 비행기가
폭발한다 하여도

사람이 개가 되고
꽃돼지가
여자가 된다고 하여도
군화발이 성전을 밟고
잡초를 짓밟아도

산에는 진달래꽃이 피고
그래도 지구는 돌고 있다

윌슨의 효심

프린스톤 대학에서
졸업장과 우등상을 받았다.

자기 목에 걸어준
금메달을 벗어 어머님께 드렸다.
“오늘의 영광은
어머님의 것입니다.”

그는 대학 총장도 하시고
대통령도 하시고
민족자결주의자로서
노벨평화상도 받았다.

효심은 天心이요
天心은 효심이다.

소녀 천사

집에만 있었던 소녀
노랑 원피스를 입고서
집 밖으로 나왔다.

장미꽃밭으로
가만가만 걸었다.
흰나비가 따라온다.

하늘은 푸르다.
햇볕은 따뜻하다.
바람도 없다.

대지는 조용하다.
사뿐사뿐 느리게 걷는
이 소녀가 천사다.

105세 할머니

전쟁과 억압에서 벗어나
아들 손자 17명과 함께
아프간의 쿤두르를 떠나
고세르비아 국경을 넘었다.

숲과 산과 사막
바다 또 숲을 지나
이십여 일이 넘는 여정
최종 목적지는 스웨덴

사는 것이 무엇이리요.
전쟁 없는 곳에 살고싶다.
크로아티아를 거친 이민자들
수많은 나비떼

산다는 것은 무엇인가?
죽이고 살고,
살고 죽이고,
그래도 국경마다 꽃이 핀다.

파도가 울더라

여수 앞바다는
서산에
해가 질 때마다
붉은 눈물을 흘린다..

나도 모르게 뚝 떨어진
동백꽃 때문에 운다..
임진왜란 때 떨어진
꽃들의 숨소리를 들으며 운다.

여수공항 뒤 바다는
사랑의 원자탄을 맞고
살아온 세월들이
고마워서 운다.

고목

천년나무에는 낭만이 있지
사랑과 추억이 있지.

고향의 고갯마루에 서서
비바람도 맞았다
눈보라도 맞았다.

어른 아이가 지나갔다
처녀 총각도 지나갔다.

가을바람 봄바람이 불었다
풍년바람 치맛바람도 불었다.

강아지도 지나갔다
죽마고우가 슬픈 노래를 불렀다.

청춘과부가 밤꽃향기에 끌리어
보름달밤에 찾아왔다.

연인들이 포옹하다가
호랑이 소리에 도망갔다.

“과거도 묻지 마세요
오늘도 묻지 마세요.”

“추억의 눈물만 마시다가
속이 텅 비었어요.”

고향 뒷동산에는 낭만이 있었지.
고목나무에는
오늘도 봄바람이 보듬고 간다.

활짝 피었습니다

중학교 시절에
세 가지 꿈을
마음동산에 심었다.
노랑나비가
아지랑이 무등을 타고
금잔디 동산으로 날아왔다.
나비가 진달래 꽃 속에 들어가니
"나도 아릿다운 여인과
결혼하여 행복하게 살 것이다."
입술을 떨면서 다짐하였다.

붉은 장미꽃 피는 계절에
'실낙원의 별'이란 소설에서
남국의 정열인 칸나를
좋아하는 사람을 만나면서
소설가가 되겠다고
펜을 들면서 떨었다.
서릿발이 내리기 전에
동구 밖 들녘에 핀
노란 국화꽃을 보듬으면서

목사가 되겠다고 다짐하면서
눈물을 흘렸다.

새로 시작된 나이
한 살 두 살 세 살 되던 해
금이랑 쟁기랑 열었다.
한올문학에서 신인상을 받았다.
이팔청춘 28세에
양떼들이 모이는
목장에 목자로 파송받았다.
장미꽃 좋아하는
처녀와 결혼했다.
장미꽃보다
더욱 아름다운 여성이었다

1년 12달 365일
내 곁에서
한 몸 한 영혼, 한뜻이 되어
환희 행복 즐거움
사랑 감사 찬양

웃음꽃이 피었다.
목사로, 시인으로
금실 좋은 부부로
꽃보다 더욱 아름답게
삶의 동산에 활짝 피었다
시들지 않는 꽃이다.
아지랑이는 진달래꽃으로
사나이는 장미꽃으로
대-한민국은 무궁화꽃으로

사람의 마음속에는
국화꽃으로 활짝 피었다.
위로는 하나님을 사랑하고
이 땅에서 이웃을 사랑하는
사랑의 꽃이 활짝 피었다.
이 꽃에서 나오는
사랑의 향기로
먹구름을 삼켰다.
태양은 가슴에서 빛나고 있었다.

아름다운 우리말

시나브로 먹고파라
꼬막, 벌로 가서 드시라요.

공원은 어데 있어유
바로 저기 있지유~.

평창의 숭어는
강원도의
명물이 됐드래요.

삼척 할머님 말씀,
한 마리에
이만원이드래요.

사투리라고 비웃지 말라
표준말도 사투리도
모두 우리말이다.

4월의 애가

미국의 시민권 때문에
과테말라 청년이
바그다드 전쟁에 참여를 하였다.
죽고 나서 시민권이 나왔다.

나는 이 사실 때문에
만정이 떨어지고 떨어졌다.
섬진강변 벚꽃도 떨어졌다.

크게 외쳐 보았지만
문학창작학과 학술지에
내 시가 실리지 못 하였다.

부끄러워 고개 숙이고 나선 길
강의실을 빠져나오는데
"나는 이것도 좋아요."
벚꽃이 활짝 웃어주었다

여수(麗水)

물이 아름답다 하여
여수라 이름 하였던가

거북선
등 타고 흐르던 물
여수 진달래꽃 축제

거북선
깃발을 흔들던
바람소리

동백꽃 사랑 타고
찾아온 동백 꽃 향기

여수의 멸치는
거북선 종소리를 듣고
몰려온다.

태양의 고향

서산은
둥근 불덩이를 삼키고
태양을 잉태한다.

온누리는
캄캄한 밤이었다.
달과 별이 경례를 한다.

산천초목
짐승도 새도 물고기도
다 잠자고 있었다.

동쪽 바다
썰물 밀물
들랑 달랑

밤이 새도록
모래알을 씻고 또 씻어서
수평선 문이 열렸다

황금 종

울었다
안 울었다
보지도 못했다.

사실인가?
진정인가?
진실인가?

아무도 모르나
바람이 일면
아노니

황금은
변하지 아니하는
믿음뿐이다.

오직 하나뿐인 나

엄마한테 23개
아빠한테 23개를
나는 무상으로 받았다.

XY염색체 속에서
운동을 하던 3조 이상의
유전자들의 경쟁 속에서
승리하고 태어난 나이다.

골동품, 땅, 그림
그리고 나
70억 인구 중
같은 자는 없다.

나는 나다.
큰소리 작은 소리
갖은 방법을 다 동원해도
게는 옆으로만 간다.

기도발이 센 자

하나님에게
기도하기 위하여
열심히 교회로 가는 발

작정기도 하러 가는 발
39일 금식기도를 하는 발
특별할 때 단식기도를 하는 발

기도로 시작하고
기도로 진행하고
기도로 끝마치는 발

응답 받을 때까지
새벽기도에 빠지지 않으려고
기도처로 걸어가는 발

응답받은 일을
실천하기 위하여 달리는 발
기도발이 센 목사님.

기적

내가
이 땅에 태어난 것은
기적이다.

도저히
안 될 것 같은 것이
이루어지는 것이 기적이다.

기적은
믿는 자에게만
일어난다.

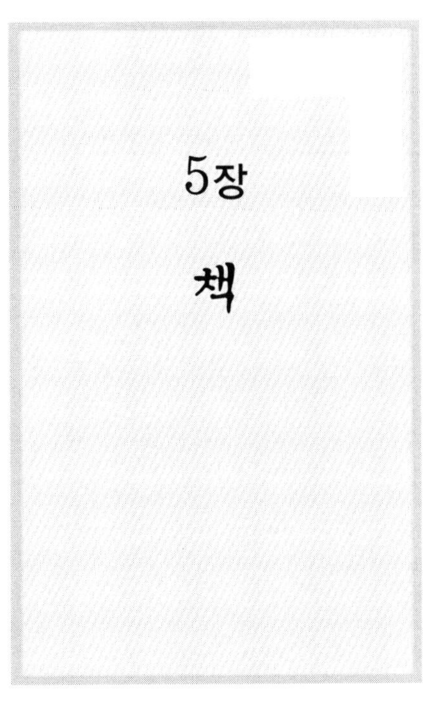

5장

책

책

꽃과 미인
다 좋은 이름이지만

가장 가치가 있고
꼭 필요한
아름다운 이름이 있다

사람이 있고
이야기가 있다.

있을 것 다 있으니
그 속에서 진주를 찾아라.

대학교(大學校)

학사 석사 박사
학위 주는 기관인가?

더 잘
가르치겠습니다.
더 큰 나무로
키우겠습니다.
참 좋은 사람으로
만들겠습니다.
특별한 그릇으로
만들겠습니다.

좋은 일에 땀 흘릴 때
학사 석사 박사 위에
경험사가 된다.

존재

네가 없으면
나도 없는 거냐?

공포 속에
눈물 속에

나도 있고
너도 있다.

숨을 멈추고

인간은 하루 동안
23,040번 숨을 쉰다.
심장은 10,368번 뛴다.
몸속에 있는 혈액은
1억 6,800만 마일을 달린다.

두뇌 세포는
700만개를 사용한다.
움직이는 짐승과 곤충
만물의 영장인 인간

콧구멍으로는 산소를 마시고
귓구멍으로는 소리를 듣고
눈구멍으로는 경치를 보고
하늘나라에서
큰 손을 벌리며 숨을 고른다.

소파

당신의 지구를 사랑합니다.
부부가 좌정하시면
허브의 향기를 풍겨주겠어요.
앞사람의 얼굴을 보세요.
눈동자를 보세요.
오뚝한 코도 보세요.
둥근 얼굴을 보세요.
흰 피부를 보세요.
그리고 꽃술 같은 입술을 보세요.
그 사람이 말하는 것을
잘 들어보세요.
오른손을 번쩍 들고
재판석에서
판사 앞에 선서하는 것을
생각하면서 들어보세요.
진실만 말하고 있네요.
그분이 말씀하신 대로
증언하세요.(베드로전서 4:11절)

책상

목양실에 들어갈 때마다 그때 그 자리에서 늘 반가워 한다. 한번도 자릿세를 요구한 적이 없다. 불평도 아니 하였다.

엄마의 자리인 양, 할머니의 품인 양, 아내의 침실인 양, 안전하게 안겨준다. 칼바람이 불 때는 차가운 대로, 불 바람이 불 때는 따뜻한 대로, 과장도 하지 아니하고, 그때, 그대로 반긴다.

돌리면 돌아간다. 비워두면 빈 대로 그 자리를 꼭 지킨다. 펜 소리와 글 읽는 눈을 말도 없이 항상 좋아한다. 침묵시위를 한다. 당신 자리이다.

지(志)

배가 운다.
바람이 운다. 주먹이 운다.
산이 운다.
바다가 운다. 하늘도 운다.
해와 그리고
달과 별이 노래를 한다.

사람을 생각한다.
무궁화나무에서 불던 바람
지면에 내려와서
낮잠 자다가
깨어나 수면으로 달려간다.

바람이 스치고 간 수면으로
연어 떼가
꼬리치며 고향을 찾아간다.

합일문(合一文)

베란다의 소녀야
눈물을 흘려라.

남북이 하나 되고
동서가 하나 되나니

너와 하나가 되면
겨울에도 장미꽃은 핀다.

크렌덴다 소년아
머리를 쓰려무나.

계산을 하라
공식만 찾으면 만점

정, 반, 합이라
남과 여, 그리고 사람들.

일거삼득(一擧三得)

전도를 하니
영혼이 튼튼해지고

돌아다니다보니
육체도 튼튼해지고

구원의 열정에
믿음도 튼튼해지고

一石二鳥
一箭雙鳥
一擧兩得

그리고 一擧三得

말과 말

1250만
관람객의 인파 속에
상영관으로 간다.

나 따라오지 마
앞에 가는 것은
어찌할 수 없지만

들장미 웃으며 말하기를
앞에 가는 자는
도둑님이 아니지만,
뒤따라가는 자는
경찰이거든.

돌연, 나는
죄인이 되었다.

광명주(光明珠)

진주는 시궁창 속에서도
빛을 잃지 않는다.
진주보다 더 좋은 것이
진주 속에 박혀 있다.

망치로 때릴까?
용접기로 녹일까?
요리보고 저리보아도
보이는 것은 안개뿐.

양파껍질을 벗기고
또 벗겨도 나온 것은 공(空)
거짓과 허풍은 빼냈다
온종일 빼어도 찾은 것은 공(空).

진실이 있었네.
거짓이 있기 전에 진실이 있었지.
진실은 마지막에 승리한다.
원점에서 시작하라.

삶의 향기

시를 쓰니, 책상과 펜, 예쁜 용지가 있다. 노래가 있다. 단어가 있다. 문장이 있다. 주님께서 천지를 창조하셨네. 최초 최고의 문장이었네. 좋았더라. 좋았더라. 심히 좋았더라. 이는 내 살 중에 살이요 뼈 중에 뼈로다. 바로 그대 이름은 여자로다. 아내는 주방에서 된장찌개를 끓인다. 이글이글 끓고 있다. 미소 속에서, 건강을 위하여 사랑을 끓이고 있다.

열정

태양볕이 대지에 내려앉으니
땅은 열을 토한다.

대지가 태양을 쏘아보면
눈에 쌍불을 켠다.

목말라 애태울 때
야속한 님은 열을 가한다.

눈을 흘기기도 한다.
야속하게도 구름 속으로 숨는다.

바람이 일면
발걸음은 빨라지고
갈라진 대지가 햇볕을 삼킨다.

다이아몬드의 영광

구름이 땅으로 떨어졌다.
하늘은 푸르고 땅은 물이 흐른다.

자정이 넘은 밤인데
함박눈은 내리는데
땅속 깊이 묻어둔 항아리.
차디찬 밥 한 덩어리에
시원한 동김치 국물 맛.

빛이 어둠 때문에
내려앉는다.

다이아몬드는
58면이라 200km
깊은 암반에서 캐냈다.
고온처리를 하였다.

태양이 돌아도
달빛이 돌아도

별들이 돌아도
대지가 돌아도

아스팔트 위로 굴러가는
작은 돌은 빛을 받지도 못한다.
58면 면상 앞에 얼굴도
들지 못하고 제자리걸음이다.

쏟아지는 태양
되쏘는 모래알
58면 면상에 떨어지는 태양

시내산에서 내려온
모세 얼굴의 빛은
눈을 뜨고 볼 수가 없었다.

소원의 항구

저어라,
소원의 항구로.
저어라

큰 파도 칠 때는
大信號로,
작은 파도 역시
大信號로
여호와 하나님께서
인도하신다.
시온성까지
안전하게 인도하신다.

임마누엘, 아멘!
할렐루야, 할렐루야, 아멘,
임마누엘!
(시편 107편 23-32절)

아, 좋은 날이여

아! 오늘도 하나님에게
찬송과 영광과
감사를 드리는
날이 되게 하소서.

좋은 사람만 만나고
좋은 일만 하는
좋은 날이 되게 하소서.
아멘! 할렐루야

금강송의 노래

푸른 하늘은 어디까지 흘러가나? 산골에 물도 흐르고, 세월도 흘러가고 사람들도 흘러서 간다. 슬픈 노래 흥겨운 노래, 흰구름 같이 사라지지만 천년송은 지금도 서 있다. 노산군은 갔지만, 청령포 강물은 지금도 흐르고 있다.

2016년도에 649세 된 소나무야, 어린 단종의 눈물을 보았느냐? 정순왕후의 향기는 맡아 보았느냐? 단종의 통곡소리는 들었느냐? 달 밝은 밤 두견새 울 제, … 부리 춘삼월 자구류에 오지 말라하던 단종의 노래.

관음송 觀音松, 돌에 핀 석화, 산돌 아래를 돌고 돌아가는, 황톳길 망향탑의 혼, 관풍헌의 사약사발, 신선들이 놀다가 간 선돌, 관음송은 지금도 서있다. 관음송은 지금도 듣고 있느냐? 김삿갓의 노래를, 금부도사 왕방연의 '시'를 듣고 있느냐?

"천만리 머나먼 길에 고운님 여의옵고
이 마음 둘데 없어 냇가에 앉았으니
저 물도 내 안 같아야 울어 밤길 예놓다"

뱀사골의 천년송, 청령포의 관음송, 다은동산의 진실송, 구름이 흘러가듯 흐르는 것은 세월, 흐르는 것은 정인데, 서 있는 것은 三松. 삼 송의 노래를 불러보자.

천년의 세월아, 아리아리 아리랑
단종의 슬픈노래를 눈으로 보자꾸나
쓰리쓰리 쓰리랑, 미운 정 고운 정
다 들어보자, 아리쓰리 아라리요

단종의 숨소리가 사무칠 때, 관음송이 보고 있다. 천년송을 찾아가니, 천년의 노래가 다은송으로 들린다. 세상은 갈 곳이 없어도 하늘에 흘러가는 구름 타고 나는 간다. 저 높은 곳에서 흘러나오는 은혜의 소리, 사랑의 소리를 다은, 다정 다복의 동산에서 듣는다.

바보인가 봐

감성으로
공기놀이 하는 자여
황금인 줄 모르느냐?

달성봉을
바라볼 줄도 모르고
밥만 먹고 있느냐?

하의가
내려가도
거시기 보고 웃느냐?

잠깐만

멈추세요, 돌아서시오
여기
길이 있습니다.

가세요
진리의 길입니다.

오세요
참 좋은 교회입니다.

층층나무에서
황금동굴 술집에서
돌아오세요
생명의 길로 가세요.

여기 다은 다정
다복이가 있습니다.

력(力)

힘이 장사로다.
체력 體力
지력 知力
그보다
영력 靈力

지력이
체력보다
중요하지만

영력은
지력보다 더욱
더 중요하느니라.

주인공

악인이 죽으면
영화는 끝나지 아니한다.
또 다른 사건이 일어난다.

의인이 죽으면
영화는 끝나고 만다.
왜?
국화꽃이 되기 때문이다.

사명이 있는 자는
죽지 않고 살아서
국화처럼 우뚝 서 있다.

살고파라

나는 왜 사느냐
어떻게 살아왔느냐?

자신에게 묻고 또 물어보며
걸어가고 있는데

태양볕이 쨍쨍 아스팔트 불판에
지렁이가 기어가고 있었다.

문득 발걸음을 멈추었다.
측은지심이 일었다.

힘없는 지렁이를 보는 순간
풀숲 그늘에 옮겨 놓았다.

천하보다도 귀한 생명에게
복음을 전하고 싶었다.

하나 되어

네 손
내 손이
어디 있어!

손에
손을 잡으니
하나이지.

혼자서는
외로워
같이 살자.

불

용광로 불
쇳덩이를 녹이고

에스더 속의 불
민족을 살리고

청년 속의 불
처녀를 사랑하고

지녹의 불
염소를 뛰게 한다.

시내산의 불
계명을 주셨다.

같이 살아요

코끼리아저씨가 개미소년에게 말하였습니다.

"너 까불면 저 태평양 고래 배속으로 차버린다."

개미소년은 눈도 감고 귀도 막고 가만히 있었지요. 바람이 불어도 말이에요. 코끼리아저씨 화가 났지만 속삭인다.

"너 까불면 혼내준다."

그때에 코끼리아저씨는 귀가 가려웠어요. 긴 코를 돌리고 돌려도 귀가 가려워서 견딜 수가 없었어요. 그때 개미가 코끼리 발을 타고 올라왔어요. 개미가 코끼리 귓속에 대고 말하였어요.

"제가 긁어드릴까요? 코끼리아저씨! 나하고 같이 살아요. 시원한 것이 좋지 않은가요?"

좋은 소리

기어가는 아가는
엄마의 소리

가뭄에 말라가는 채소는
이슬비 내리는 소리

정이 그리운 사람은
진달래꽃 피는 소리

십자가에 달린
도둑놈에게는

오늘 네가 나와 함께
낙원에 있으리라.

축사

장로님 임직식에서
목사님의 축사 말씀이
두고두고 내 마음에
메아리친다.

합동 장로는 합장이요
기장 장로는 기장이요
통합 장로는 통장이요
대신 장로는 대장이요
우리 대장님은 예수님!

나는 영원한
졸병이라 즐거울 뿐.

왕 같은 제사장

권영화 감독님,
감독님 취임 식전에
생명의 말씀이 있습니다.

화려한 강산
삼천리 금수강산에
복음의 꽃이 피었습니다.

감리교회는
진실 성결운동 하시는
애국 애족자가 있습니다.

"독일의 통일을 보라
우리의 소원은 통일
복음 통일이여 속히 오라."

권영화 감독님!
삼남연회 감독님으로
이 민족을 구원하소서.

6장

사람主나무

빛나게 하는 자여

진실로
시작하고

진실로
행하고

진실로
마치는 자

국화꽃을
심는 자.

사람主나무

그토록 보고싶어 하는 님께서 도대체 누구시길래, 서 있기가 힘들어 꽃 먼저 피우시나요? 서어 나무야, 봄별이 그리워서 너는 얼굴 먼저 보이느냐? 진달래꽃도 부끄러우냐?

홀로 아리랑. 잎과 같이 꽃망울 터트리느냐. 굴참나무야! 갈참나무 떡갈나무보다 네가 더욱 대단하구나. 네 옷을 너무 자랑마라. 신갈나무가 웃는다.

가지에 이파리 나오면, 꿀향기 피우면서 네 아름다움을 보여다오. 흰꽃으로 피워 한민족의 순결을 자랑하느냐? 집집마다 조경하세요. 타원형 열매를 주겠어요. 그 이름 최고로 빛나도다, 고광나무여!

인간은 혼자 있으면 아무 것도 할 수 없으니, 주님 모시고 사나니, 그 이름 빛나도다. 사람主나무, 모르는 이여 내장산 남창계곡, 남경산 기도원, 능력바위 주변에서 찾으세요.

주인공

엑스트라는
총소리에 죽는다.

조연은
주연 때문에 존재한다.

주인공은
탱크에 눌려도 산다.

간증의 역사
기적의 축복

민족 성전에서
주인공이 되자.

하루 종일
하나님만 자랑하자.

꿈만 먹고 산다

설악산에서 오라하신다면
나는 가지 않겠어요.
쌀쌀한 날씨가 싫어요.
싸늘한 시체가 싫거든요.

내장산에서 오라하신다면
한달음에 달려가지요.
붉은 단풍이 있기에요.
진주가 숨어 있는 것 같아요.

설악산에서 다시 오라한다면
나는 절대 사절입니다.
흔들바위가 떨어질까봐요.
금강산에 가고 싶어요.

내장산에서 다시 오라하시면
숨도 멈추고 가겠습니다.
북쪽 보다 남쪽이 따뜻하지요.
전보다 나중 영광이 있어요.

물이 흐르는 곳에는
장미꽃과 무궁화가 피듯이
내상산 속에 진주같이
행복과 사랑의 꽃이 피지요.

가을의 단풍과 풍요 속에서
온 산을 그림 동산으로 만들며
소녀가 웃었다 울었다.

무정아 돌아오라.
하늘에서 내리는 함박눈이
눈에 들어가니
눈에서 눈물 되어 나온다.
시온산으로 달려라.

볼모

Go 가라
지구 끝까지라도 가서
장미꽃을 찾으려무나.

Stop 서라
가슴은 뜨거운가
동반자를 찾으려무나.

See 보라
얼굴을 보라
손과 발을 똑바로 보라.

마음을 보라
하늘까지 올라가서
그녀의 심장을 찾으려무나.

Love
마음을 바쳐 사랑하라
그리움에 사무쳐 볼모가 되라.

청운지사(靑雲之士)

검은 구름을 타고
올라가서 흰구름이 되어
보좌에 앉으리라.

호랑이 등 타고 가서
아지랑이 무등에 올라
비둘기와 노래하리라.

바람아 불어다오
구름아 달려다오
청운지사 나가신다.

해님이 되어
먹구름을 몰아내고
황토밭에 씨 뿌리리라.

꿈을 먹는 아이는
흰구름이 되어서
청운지사 따라가느니라.

X파일 칼자루

삼공에서는 K, 그 다음에는 L, 세 번째 나리는 K, 날아가는 새도 떨어뜨리는 독수리들의 날개를 꺾었다. 한 마리는 암살, 한 마리는 사형, 한 마리는 바하마 망명길.

새들이 울었다. 짹짹 거렸다. 이름을 바꾸었다. 까마귀는 울지 아니하였다. 글쟁이들이 울었던 영해권문제, 총바람 된바람 속에서 서울지검 화장실에서 면도칼로 목을 베다가 울었다. 새로운 이름을 바꾸어 국민정부라고 노래를 힘차게 불렀지만, 언론장악 시나리오사고, L과 Che라는 7개월의 설화 같은 이야기 속에 J의 대선자금은 어디로 갔나? 장세동은 영어의 몸, 권영해는 통풍, 북풍조작자 이종찬은 언론장악파문, 천용택은 삼성그룹 DJ 대선자금설, 조직적인 도청행위자 임동원 신건, 주님께서 저 높은 곳에서 다 보시고 다 들으셨다.

햇볕정책, 도청테이프 속에 떨어지는 새들의 날개, 늦장마속에 늘어진다. X파일 판도라 궤 속에서는 무엇이 나올 것인가? 독수리 날개가 떨어지고 있다. 저 높은 하늘까지 올라갈 수 있다면 나는 안 망하리라. 신앙고백을 한다.

새로워지리라

왜?
여름은 여름이라고 아니하나?
너무 뜨거워서.

왜?
가을은 가을이라고 아니하나?
낙엽이 떨어지기에.

왜?
겨울은 겨울이라고 아니하나?
춥고 맵기 때문에.

봄은
새봄이 왔구나.
날이 따뜻하여 새들도 노래하지요.

쓰리 원

11월 1일
우리 아이가
1등을 하였네.

마음도 1등
공부도 1등
사명도 1등

佳眞아
아이가 되라.

오직 하나뿐
하나님은
한 분 뿐이시니.

신령한 학위

곤고한 자를
말로 도와주는
입을 가진 자로다.
아침마다
깨닫게 하는
귀를 가진 자로다.
주님의
손바닥에
네 이름이 있다.
여수룬아
두려워 말라.
마실 샘물을 주시리로다.

(이사야 50:4절)
(이사야 49:10절)
(이사야 44:2절)

길

걸어만 가던 길
마차로 가던 길
트럭으로 가던 길
버스로 가던 길
승용차로 가던 길
아스팔트길
씽씽—
빨리 달려가는 길
자동차 전용길
고속도로 길
직선 길
하루종일 가던 길
이제는 서울도
하루면 갔다 온다.
남도 사람들
직선으로 가자.
대로가 열린다.

다은동산

포도원의 주인이시여, 진실의 주춧돌이 되게 하시고, 은혜가 많아 다은교회, 사랑이 많아 다정교회, 복이 많아 다복교회 되게 하소서.

24장로, 70권사, 300집사, 12,000다은맨, 7만평 대지를 속히 주옵소서. 1층 친교실, 2층 교육관, 3층 예배실, 분수대 수목원 운동장 숙소 볼링장 탁구장 당구장 공연장 식당 판매점 주차장 야영장 납골당 만들게 하소서.

하나님 아버지만 자랑하는 간증의 주인공이 되어서 이 나라 이 민족을 살리는 민족 성전이 되게 하소서. 주님께서 재림하시는 날까지 존재하는 동산, 다은동산의 주인공이 되게 하소서.

민족을 살린 에스더 같은 인물이 나오게 하소서. 바울과 베드로 같은 전도자가 나오게 하소서. 가병 318명으로 롯의 식구를 구원한 아브라함 같은 사명자 318명을 주옵소서.

가진화(佳眞花)

진실은 사랑
사랑은 향기

아름다울 가(佳)
참 진(眞)
꽃 화(花)

진실을 담은
국화꽃이 되는 마음
진실한 사람이 산다.

가진화가
만발하니
정말 나라로다.

다다익선(多多益善)

함박눈이 내리고 또 내리네.
쌓이고 쌓인 눈
솜털 강아지가 걸어가네.
다정이가 다복이 손잡고 걸어가네.
하늘에는 함박눈이 가득
얼굴에는 웃음이 담뿍
정과 웃음은 나누면 나눌수록
더하여진다는 것을
진실과 거룩도 하면 할수록
배가 되는 것을
네가 있으니 내가 있고
내가 있으니 네가 있다.
함박눈이 내리는 곳에
네 마음은 포근하고
함박눈이 쌓이는 곳에
내 마음도 포근하니
복실강아지가 길을 만드네.

기다려라

마침표
쉼표
기다려라
엘림이 있다
님을 좋아하라
소원이 이루리라
님에게 맡겨라
다 주신다
좌우상하
시선을 돌리지 말라
싸우면 싸울수록
안개만 낀다
너부터 화평하라
눈을 감아라
평안이 온다
행복이다.

거울

거룩
거룩 거룩
나도 거룩 너도 거룩

말씀 듣고
기도하고
말씀 읽고 기도하고

말씀 쓰고
기도하고
말씀과 기도뿐이다.

거울 속에
얼굴에
거룩이 써 있도다.

정(正)과 불(不)

잃어버렸다고 다 잃은 것 같아
울적이고 근심하나
더 좋은 것 얻을 것인데.
죽는다고 슬퍼하지 말아라.
죽음이 끝이 아니다.
신령한 자로 다시 태어날진대.
버림받았다고
세상을 원망하지 말라
진주보다
더 좋은 사람을 만날 것인데.
노여움은 잠깐이요
은총은 영원하리
밤새껏 운다하여도
눈물이 바다를 채우지 못한다.
활짝 웃을 날이 속히 오리니
지나간 것은 슬픈 것이라도
기쁨도 영원 속으로 달려가노니
正과 不은 하나 차이다.

부드러운 사람

끌어 올라오는 분은
억제할 수 있는 사람으로
절제하는 재능을 훈련하라.

솟구치는 열정 때문에
쏜살같이 달려갔던 너
브레이크를 밟는 연습을 하라.

말부터 먼저 하는 사람아
재갈을 물리고
듣는 연습 좀 하라.

인생길

세상에 태어났다
빵을 먹었다

밭을 갈았다
그리고 죽었다

상금을 탈 때
울 엄마는 우셨다

해가 떴다
흘러갔다 졌다

결혼을 하였다
애기를 낳았다

그 애도
결혼하였다.

나도 밤나무

나도 밤나무야
탈 때는 거품이 나오고
향기가 나온다.

하나님 아버지에게
고운 가루로
드리게 하소서.

사람들에게는
한 줌의
소금이 되게 하소서.

나
자신에게는
진실 되게 하소서.

반성

7시간만 지나가면
2005년으로 간다.

앤드류 존슨은
양복쟁이라는 놀림에도
대통령이 되었다.
최초로 국회에서
탄핵을 받은 대통령이지만
불과 한 표차로 살아났다.
미국 역사상
남을 만한 일을 하였다
알라스카를
러시아로부터 720만불에 샀다.

잘가거라 2004년아
크게 외쳐보아도
나는 한 것이 없습니다.
아버지 하나님 송구합니다.

사나이로다

길에 있는 작은 돌
무심코 차버리고서
크게 깨달았습니다.

사하라 사막에서 날아가는
먼지만도 못한 놈

겟세마네 동산에서
예수님은 기도하시는데
잠자고 있는 제자들

맥아더 장군은
기도하던 중
한국 국민을 사랑하시는
하나님을 만나시고

인천상륙작전을
감행하였으며
결국 승리를 하였다.

먼지일 뿐이야

섬진강변 핀 벚꽃은
봄바람 타고
해마다 찾아오더라.

썩은 고목나무라고
비웃었더니
새싹이 돋더라.

나는 사하라사막에
날아가는 먼지일 뿐이냐?

주님과 함께라면
사막에도 꽃이 피고
12샘도 있으리라.

진실이 소리친다

흰구름이 흘러가니
태양은 찬란하다.

소나기가 지나가니
산천초목이 깨끗하다.

성전은 오아시스라서
제사장 가슴엔
우림과 둠밈
이마에는 여호와 성결

성도의
얼굴에는 빛

첫째 둘째 셋째도 거룩
내가 거룩하니
너희도 거룩하라.
하나님께는 영광이요
이 땅에는 평화로다.

복록(福祿)

소유욕에서 벗어나니
누리도록 허락하신
행복이 밀물같이 스며드네.

야망을 벗어버리고
희망을 향하여 가니
진실한 자에게 쏟아지는
축복의 장마비가 있었네.

꿀송이보다
더 좋은 약발이 서는
말을 하는 자에게
찾아오는 행복이었네.

선한 말이
파도를 타고
메아리쳐 몰려오네.

동산에 향기가 진동한다

삶의 덕목이
무엇이냐 물으신다면
자신 있게 말하리라.

그것은 진실이라고
두 번째도
무엇인가 물으신다면
역시 진실입니다.

세 번째도 물으신다면
마지막까지 진실입니다.
자신 있게 말하리라.

동산에 꽃들이
짙은 향기를 풍긴다.
이 향기는
빛으로 날아가리라.
(전도서 7:29절)

거룩한 자여

여의도 고층빌딩 계단을
걸어 올라가는 사람이 있었다.

황토흙이 묻은
고무신을 신었다.
바지와 잠바를 입었다.

옥상에서 내려다보니
아리수가 흘러가고 있었다.

두리번거리는 그의 손에는
성경이 있었다.

내가 거룩하니
너희도 거룩하라.(레위기 11:45절)

마음으로 읽고 또 읽었다.
더러워진 옷이 싫었다.

7장

하나님의 음성

신 솔로몬의 기도

잠언 3000을 말하게 하소서.
노래 1005를 쓰게 하소서.
식물과 동물 그리고 우슬초로
논하게 하소서.
바닷가에 모래같이
넓은 마음을 주옵소서.
죽은 자의 어미와
산 자의 어미가 싸울 때
공정한 칼을 들게 하소서.

有일 때도 無일 때도
what이라 떠들지 말고
why라고 질문하게 하소서.

하나님의 음성

서울 봉천동에서 개척교회를 하였다. 한얼산 기도원에서 39일 금식기도를 하였다. 왜? 40일을 못 채웠느냐? 사람들은 의아심을 갖는다. 나는 분명히 말할 수 있다. 예수님께서 40일을 하셨는데 감히 인간이 할 수 있겠는가? 교만해질 수 있다는 권면도 있었지만 나 자신이 39일만 하였다.

조금이라도 겸손하라. 나 자랑이 아닌 하나님만 자랑하는 간증의 주인공이 되자. 물도 물냄새 때문에 마시려 해도 마시기가 싫었을 때도 있었다. 나는 깊은 잠이 들었다. 에스겔 4장 11절, 분명히 벼락 때리는 소리같이 또박또박 큰소리였다. 물소리인지 바람소리인지, 사람소리인지 신의 소리인지, 분명히 큰 소리였다.

벌떡 일어났다. 캄캄한 밤이었다. 촛불을 켰다. 에스겔서 4장 11절을 천천히 읽었다. 육체의 수분이 거의 떨어지므로 고통 중에 있을 때였다. 하나님 아버지께서 이 말씀을 분명히 또박또박 들려주셨다. 평안한 가운데 39일 금식기도를 무사히 끝마칠 수 있었다.

27년 후 남경산 기도원에서 100일기도를 하였다. 삼시세끼 밥도 먹었다. 경치 좋고 물도 좋고, 산이 좋고 바람도 좋고, 공기 좋고 햇볕도 좋고, 말씀도 좋고 기도하기 좋았다. 대한민국 내장산 속 남창계곡에 있었다. 45년 전통이 있는 기도원, 초대 원장님이 기도하시다가 불이 떨어진 불바위가 있다. 능력이 임하는 능력바위, 말씀이 임하는 말씀바위, 600명의 목사님들이 기도하시던 기도원이었다. 지금도 목사님들과 성도들이 계속 올라오고 내려가는 말씀 · 성령 · 능력 · 축복이 임하는 하나님의 동산이었다.

갈렘은 84세에 산지를 달라고 기도하였다. 나에게도 산지를 주옵소서. 이스라엘의 하나님께서 내 육체에 들어오셨다. 한얼산에서 들려주셨던 음성, 내가 곧 네 기업이다(겔 44:28). 목사는 하나님의 기업이다. 어린 시절은 엄마의 정이 그리워, 청소년 시절은 여인의 정이 그리워, 지천명에는 딸들의 정이 그리워, 울고울고 또 울고 살았던 인생이었다.

하나님 아버지께서는 비단결 같은 고운 마음의 여인, 장미꽃보다 더 아름다운 여인, 진주보다 더 값진 여인을 주셨네. 몸도 마음도 뜻도, 생애를 다 준다하여도, 사랑하는 이 여인과 나는 산다. 또 목회의 동역자이다. 진실로 말하노니, 주님보다 더 생각하고 사랑하는지 주님만은 아신다. 모든 것 다 버리고 선택한 여인이기에.

네가 네 아내보다 나를 더 사랑하느냐? 분명히 내 귀에, 아니 내 육체에, 아니 내 영혼에, 들어오는 부드러운 음성이었다. 네가 이 사람보다 나를 더 사랑하느냐? 내 양을 먹여라. 치라. 먹이라. 베드로에게 말씀하였던 음성이 오늘 나한테 분명히 들렸다.

나는 예수님의 성전이요, 대성전에 올라가서 울면서 기도하였다. "아닙니다, 아닙니다." 고개를 흔들면서 기도를 하였다. "절대로 아닙니다. 그렇 수는 없습니다. 저의 아내이기 전에 당신의 딸입니다 당신의 신부입니다. 어떻게 주님보다 주님의 딸을 주님의 신부를 더욱더 사랑하겠습니까? 아닙니다, 아닙니다. 그럴 수는 없습니다."

“다만, 주님의 딸이기에, 주님의 신부이기에 사랑하는 것뿐입니다. 나에게 생명을 주옵소서. 육체의 굳은 것을 제하여 주옵소서. 부드러운 사람으로 만들어 주옵소서.” 고추 끝에서 똑소리와 함께 정욕 마귀가 빠져나갔다. 나의 눈물을 보고서야 혈기 마귀도 빠져나갔다. 음이온 속에서 주님의 음성을 확실히 듣고서 내게 있는 탐식마귀도 도망갔다.

물도 때에 따라 마셔라. 이스라엘의 하나님, 네가 네 아내보다 나를 더 서랑하느냐? “살리시고 먹이시고 마시우고 일으키시는 주님의 음성에 나는 오늘도 행복합니다. 대단히 즐겁습니다. 할렐루야! 아멘 아멘 하라. 할렐루야. 임마누엘.”

7:29 선언

울 엄마의 문을 열고 나올 때 천지는 찢어지고 다이아몬드의 빛을 삼켜버린 별똥별이 반짝이는 밤이었다. 캄캄한 동굴에서 탈출하는 시간은 단 50초였다.

이름은 남남남 맞지요? 네—. 그쪽 이름은 여여여 맞지요? 네—. 합의하였습니까? 네—네—. 자녀문제는 이상이 없군요. 됐습니다. 한 달 안으로 두 분 중 한 사람만 신고하여도 됩니다. 제일 관문을 순조롭게 통과하였으나 돌들이 뒤통수를 때렸다.

별들이 따가워서 눈을 뜰 수가 없었다. 그런 놈이냐? 치마 속에 놀던 놈, 염병할 놈. 시베리아 벌판에서 불어오는 칼바람은 동지섣달의 굶주림보다 더 추웠다. 나를 출산하시던 엄마의 아래가 이렇게 아팠을까? 두고두고 맞는 지옥의 돌덩어리, 한 번에 다 맞아버리자. 삼년의 아픔을 단칼에 베어내자.

하늘이 두렵고 땅이 무서워 이 지옥에서 언제 떠나나? 이 고통에서 탈출하기 위하여 참자 참자 골백번 다짐하지만 지옥굴에서 맞는 돌은 아프다 정말 아프다. 문을 열고 나온 세상 찬란하기만 할 줄 알았으나 날아오는 돌이 너무나도 무서워, 아파 아파 아픔도 때리지마. 소리치지만 돌은 날아오고 있었다.

때리시오 때려요. 던지시오 던져요. 얼마든지 때리고 던져요. 근본적인 진실을 찾기 위해 도덕적인 법을 깬 자입니다. 사랑이 없는 부부생활은 위선자요, 하늘에 떠 있는 돌에 맞을까보아 더 무서워요. 던지세요 때리세요. 마음껏 욕하세요. 나는 하늘에 떠 있는 돌이 더 무서워요. 주여 나를 용서하여 주옵소서. 진실되게 살겠나이다.

33복음리듬

3:3
애 삼삼
3:33
애 삼삼삼
33:3
애 삼삼삼
33:3
겔 삼삼삼
33:33
겔 삼삼삼삼
손뼉 치고 삼삼삼
두 손 들고 삼삼삼삼삼
한 번 두 번 세 번
삼삼은 3:16요
영생
복음의 나팔소리
삼삼하도다.

무한감사

올라라,
마중물아 솟아올라라.
피먹을수록
나오고 또 나오고.

고슴도치는 건드릴수록
깃털이 솟는다.
허브도 때리면 때릴수록
향기가 나온다.
사랑은 나누면 나눌수록
계속 나온다.

감사는
하면 할수록 솟구친다.
감사감사, 무한감사
눈물이 나도록 감사.

늘 감사

감사는 감사를 낳고
감사는 감사가 된다.

늘 감사
감사 감사 무한감사.

시작도 감사
진행도 감사, 끝에도 감사.

어제도 감사
오늘도 감사, 내일도 감사.

감사 인사를 드리면
감사는 감사로 돌아온다.

능(能)한 자

성경을 읽습니다.
성경에 능한 자 되게 하소서.

말에도 설교에도
전도할 때도
능한 자 되게 하소서.

시도 아름답게 쓰게 하소서.
볼링도 잘 치게 하소서.

주님의 이름을
누구보다 더 잘
예찬하게 하소서.

신묘막측

모태에서
바다가 터져 나와도
그 물을 가둘 자가 있으니.

빗방울이 증발하여
안개를 만드시고
물방울을
가늘게 하시는 분이 있으니.

비의 아비
이슬방울의 어미
얼음을 잉태하시는 이
공중의 서리를 출산하시는 이
악어를 낚시로 꿰시는 이

태중에서 뼈와 살이 돋을 때
나는 어둠속에서
젖만 빨았네.(시편 백사십구편 십사절)

거룩하게 하소서

엘리
나의 아버지.

거룩한 제단에
거룩한 제사장

거룩한 제사가
거룩한 성도가
되게 하소서

엘리
하나님 아버지.

교회와 가정

코에서 피가 나도록
눈에는 핏발이 서고
입에는 침이 말랐다.
손이 트고 발이 저리도록
열심히 돌아다녔다.

흰머리는
바람에 나불나불
흔들리고 또 흔들린다.

들고 들고 또 들어도
들리지 않도록 들었다.

하늘을 보고 땅을 파고
바닷속에 들어가 보아도
아무 것도 없었다.

전무(全無)이다.
고목나무 한그루만
서 있었다.

구하고 구하고
찾고 찾고 또 찾았다.
구하고 또 두드렸다.

드디어 찾았다.
두 진주를 찾았다.

그것은 바로
교회와 가정이었다.

천국방언

영어로 아이스크림
북한어로 얼음보숭이
아가 사라는 아가야침
입술과
입술의 접촉은 kiss
볼과 볼의 접촉은 볼스
코와 코의 접촉은 코스
이마와 이마의 접촉은
이마쓰라고 한다면
믿음과 믿음
은혜와 은혜
영광과 영광의 만남은
천당이라고 말하자.

무죄

사랑이 없는
결혼을 하지 말라.

정이 없는
이혼이라면
돌을 던지지 말라.

님을 위한
타인의 도드름을
의로 높이라.

밝은 빛 교회로다

별이
빛나는 밤에는
안드로메다까지
별을 세어본다.
밤밤밤별
별별별밤
밤이라고 부르지 말라.
젖과 꿀이
흐르는 땅에는
햇볕만 쏟아지는구나.
영영영광
광광광명
노래를 부르자.
빛빛
sun shine
빛고을 노래를 부르자.
낮이라 불러다오.
말씀이 육신이 되시니
빛으로 오신 예수님
여기

참좋은 교회가 있습니다.
찾은 이마다
광명주를 주옵소서.
새벽별을 만나게 하소서.
검은 돌이
보석이 되어
성전 기둥이 되게 하소서.
光光光明
明明明光
빛빛빛
sun shine
밤밤밤별
별별별밤
아무데나 어디서나
밝은 빛으로 살게 하소서.
별이 빛나는 밤에
안드로메다까지 가오리다.

아멘 신자

맞다!
맞아! 맞고요!
그래! 그렇구말고, 그렇군!
동의합니다!
진실로, 진실로!
서울 서광 감리교회
코미디언
최병림은
아멘 신자라 합니다.

눈물의 의미

무너질 성전을 보시고
예루살렘아 엘루살렘아
우시고 또 우셨네.
눈물의 대왕 내주께서
왜, 고통당하셨나?
날 위하여, 날 위하여
십자가에 피 흘리셨네.
어찌하여 날 버리시나이까?
나사로의 죽음을 보시고
울고 또 우셨네.
나사로야, 나사로야!
겟세마네 동산에서 우셨네.
아버지— 아버지—!

명함

선택된 목사요
뽑힌 시인이요
돌아다니는 장미의 남편
은혜로 주어진
다은교회 신자들의
담임목사
하늘로부터 아지랑이 타고 내려온
주님의 지팡이 하나
사랑하는 자에게
내려진 선물이요
보면 볼수록 빛나는 이름이요
부르면 부를수록 좋은 이름이요
나는 목사요 시인이요
돌아다니는 장미의 남편이요
다은교회 담임목사요
천국시민이오.

다은의 아들

김용복 전도사님,
아파트 안방에서 첫 예배를 드리고서
아들을 주셨으니, 그 이름은 다중이라
김용래 권사님
성전 건축에 최선을 다하여
아들을 주셨으니, 그 이름 대중이라
남경산 기도원에서
100일기도 후에 축복기도 받은 후
아들을 주셨으니 그 이름은 태웅이라.
십자가 중심이면
모든 것이 다 되리니 다중이요
많은 사람 중에
큰 사람될 이름이니 대중이라.
영웅 중 영웅 믿음의 영웅이라 태웅이
다중이는 은혜롭고
대중이는 자랑이요
태웅이는 빛날 지니
다, 다은 사람, 다은 맨이요. 아멘!

설교하는 재미로 산다

흐르고 또 흐르는 눈물
천만 번 죽을 수밖에 없었다.
나같은 죄인을 일으켜주신
아버지 하나님의 은혜를
갚을 길 없으므로
설교하는 재미로 산다.

흐르고 또 흐르는 눈물
감사 감사 무한 감사
감사 찬송 합니다.
일 년 삼백육십오 일
아내 한 사람 보고도
한 시간 정도 설교할 때도
나는 신바람이 난다.

신령한 자로다

백성의 어른이요, 주님의 사자요, 왕 같은 제사장으로 아버지께 식물을 드리고 성물을 먹는 자로다. 손이 깨끗하면 힘을 얻고 진실하니 마지막에 이기고 요람왕은 진실되이 함으로 점점 강하여졌도다.

병아리는 물 복음 먹고도 하늘보고 감사한다. 썩은 물 먹고서 맹꽁이 같이 배가 불러도 호수에 비치었던 얼굴도 개구리가 물장구를 치니 아무것도 보이지 아니하였다.

빙산이 녹아도 쓰나미 태풍이 몰려와도 홍콩의 나비깃이 흔들려도 진주는 진주이다. 겉을 벗기고 벗겨도 진리로 씻어내린 오장육부 전선은 이상무다.

아버지

가장
높으신 분이시지요.
가장
높은 데 계시지요.
지극히
귀하신 분이시지요.
그 이름은
영원히 영광스럽습니다.
거룩하고
찬란한 분이십니다.
진실로
영롱하십니다.

하나님이시여

만군의 여호와여
가진아 선교회를 맡김이시여
하나님 여호와여
한올문학을 맡김이시어
아버지 하나님이시어
전도지 돌리는 것을
다 맡김이시어
만군의
여호와 하나님 아버지
직접 전도, 간접 전도
가진아 선교회
한올문학으로 드리는 찬양을
하나님 아버지 받아주소서.
그 아름다운
덕을 선포하겠습니다.
나를 사용하소서. 아버지!

목소리

1976년 한얼산 기도원에서
39일 금식기도 중이었다.
저녁예배에 참석하였다.
예배 끝나고 산에 가서
부르짖으며 기도를 하였다.
방으로 들어왔다.
깊은 잠속에 있었다.
난데없는 큰소리를 듣고
벌떡 일어났다.
금식기도 중반때였다.
몸에 기운이 다 빠졌다.
아침, 점심, 저녁
세 컵의 물만 먹었다.
성경말씀을 찾았다.
물도 육분의 일씩 되어라.
따라 마셔라.
에스겔 4장 11절 말씀을
전에도 읽었지만

기억에 남아있는
말씀이 아니었다.
주님께서 주시는
강경한 음성이었다.
육신에게 힘을 주시는
특별한 은혜였다.

아레오바고에 서고 싶다

에피쿠로스의
쾌락주의 행복론도 있고요.
금욕주의 속에서 이성의 자기통제
도덕주의를 강조하는
영혼불멸설을 반대하는 자도 있다.
제론과 소크라테스를
만날 수 있는 강이 있다면
나도 사도바울처럼 설교를 하고 싶다.
아멘, 사람아
너희들은 범사에 종교성이 많도다.
알지 못하는 신전도 세웠느냐?
나는 길이요 진리요 생명이라하신
부활하신 예수님을 믿는다.
나는 아내 한 사람을 놓고도
한 시간 이상 설교하는 자이다.
죽었다 다시 일어나도 나는
설교를 할 것이다
아멘! 아레오바고에 가서
설교를 하고 싶다.

용사

다윗왕국 건설의 동참자, 여로모암 엘르아살 삼마, 이 삼총사를 보라. 적진에 있는 우물을 떠서 임금님 앞에 진상을 한다. 헤리케인과 토네이도 폭풍에도 옆으로만 기어가는 게들을 똑바로 돌려놓지는 못하였도다. 앞으로 가 앞으로 가 아무리 소리쳐 보아도 옆으로만 기어가는 게들의 빠른 발걸음을 보라.

높은 산에 올라가서 하늘을 보니 더 높기만 하고 땅을 쳐다보니 더 넓기만 하고 더욱 더 작아지는 자신의 모습을 본다. 삼천궁녀를 거느리고 꽃향기가 감도는 술잔을 들라고 하여도 백마강은 울었다. 술잔을 꺾고 계백의 충언에 귀를 기울였다면 황산벌의 비극은 오지 아니하였을 것이다.

낙화암에 떨어진 꽃들이
오늘의 부여를 만들었다.
그러나 흐르는 백마강은
오늘도 아뭇소리 않는다.

병에 담으소서

눈물이
솟아오르는 샘 같습니다.
기도의
향을 드리나이다.
손뼉치면서
찬송을 드리나이다.
만왕의 왕께
지혜의 시로 찬양하나이다.
상한 영혼을 드리나이다.
목숨을 드리나이다.
생애를 정성으로 드리나이다.
내게 있는
모든 것을 드리나이다.
당신에게서 받은 것을
당신에게 드리겠나이다.

| 작품해설 |

여호와께 바치는 이 땅의 설교시

— 육명길 시인의 작품세계

문학평론가 리 헌 석

(사) 문학사랑협의회 이사장

1.

평생 하나님의 사랑과 은혜를 신자들과 나눈 원로 목회자 육명길 시인은 1944년에 충청남도 공주시에서 출생하고 성장한다. 감리교회에서 설립한 공주영명고등학교를 졸업한 시인은 하나님의 사역을 자원(自願)한다. 신학교를 마친 후, 안양대학교 신학대학원을 졸업하고 말씀의 증거에 헌신한다.

성장과 은혜 받은 과정은 작품 「활짝 피었습니다」에 상세하게 형상화되어 있다. 중학교 시절에 세 가지 꿈이 있었는데, 첫째는 '아릿다운 여인과 결혼하여 행복하게 사는 것'이었고, 둘째는 '소설가가 되는 꿈'이었으며, 셋째는 '노란 국화꽃을 보듬으면서 목사가 되는 것'이었다고 밝힌다. 그리하여 첫째와 셋째는 이루었는데, 둘째 꿈인 '소설가'는 진실을 노래하는 '시인'으로 이루게 된다.

하나님의 창조세계에서는 하나님의 말씀을 증거하는 직분이 가장 훌륭한 일이고, 가장 기쁜 일이고, 가장 행복한 일이며, 가장 아름다운 일이다. 〈위로는 하나님을 사랑하고/ 이 땅에서 이웃을 사랑하는/ 사랑의 꽃〉을 활짝 피우겠다고 노래하는 시인의 지향과 일치한다. 세상 모두 하나님의 품에서 이루어지는 사랑이고 은혜임을 고백하고 다짐하는 것이 시인의 소명으로 보인다.

층층나무 상단에서
보호하시고

열두 폭 치마 속에서
건지시고

황금의 동굴에서
인도하신

만군의 여호와 하나님
감사합니다.

아버지 하나님
진실하게 살겠습니다.

예수님
복을 위하여 살겠습니다.

층(層)을 이룬 층층나무 상단에서 보호하시고, 세상의 유혹에서 건지시고, 세상의 물욕에서 인도하신 '만군의 여호와 하나님'에게 감사하면서 시인은 '진실하게 살겠습니다.' '예수님의 복을 위하여 살겠습니다.' 다짐한다. 그리하여 그는 하나님이 만물을 창조하시고, '좋았더라'고 하신 말씀처럼, 자신도 하나님이 주신 달란트를 활용하여 '아름답고 행복한 세상'을 시로써 노래하고자 한다.

이런 소망으로 시인은 『한올문학』 시 부문 신인상을 받아 등단한다. 교인들에게 설교를 하듯이 하나님의 사랑과 은혜를 간증하기 위하여 스스로 '설교시'라 명명하고 시 창작에 전념한다. 하나님의 말씀에 의지하여 살면서, 또한 말씀을 증거하기 위하여 창작한 작품들로 등단 10여 년에 9권의 시집을 발간한다.

시집의 제목만으로도 육명길 시인의 정서적 지향을 가늠할 수 있다. 『갈증을 느끼는 자에게』 『아! 진실한 사람아』 『금 사과 같은 말』 『가진(佳眞)아는 말한다』 『보다 더 진실하고』 『사랑의 꽃 향기』 『마지막까지 진실하라』 『돌아다니는 장미』 『120세 인생아』 등을 통하여 신의 섭리와 사랑, 그리고 계시와 소망을 증거한다. 2017년에 제10시집 『사랑을 받은 자여』를 발간하는데, 신앙고백, 생활의 터전에 대한 애향심이 감동을 생성(生成)한다.

2.

원로 목사 육명길 시인은 설교를 통하여 하나님과 신자를 소통하게 한다. 하나님의 말씀을 신자들에게 전하는 효과적인 '설교'이고, 이방인들을 교회 안으로 모셔올 수 있는 방법이 '전교'이다. 신의와 성실을 바탕으로 말씀을 증거할 때 힘이 있고 효험이 있을 터, 이와 같은 '말씀의 증거'를 시인은 '시'에 담아낸다. 시인이 빚은 작품을 읽고 감동을 공유한 독자들이 하나님의 품으로 다가설 수 있기를 갈망한다. 이렇게 공감대의 영역을 넓히기 위하여 내용과 표현의 합일(合一)을 추구한다.

마음에 담은 내용을 모두 드러내는 것이 효과적일 때도 있지만, 경우에 따라서는 부분적 생략을 통하여, 독자들에게 생각할 수 있는 여지(餘地)를 남겨두는 것도 선택할 수 있는 방법이다. 특히 철학적 명제를 형상화하거나, 스스로 깨우칠 수 있는 여건을 조성할 때, '생략'은 유용한 선택이다. 파격(破格)에 가까운 아래의 작품이 그 본보기이다.

멍………
………
………
………
어둠이 있었다.
………
………
………

점점점…
………
………
………
빛도 있었다.

—「명상」 전문

성직자나 수도자들은 명상을 통하여 깨달음에 이르기도 하고, 수행 중에 놀라운 경지에 이르기도 한다. 이렇듯이 깨달음에 이르는 방법과 과정은 다음과 같이 분류할 수 있다. 평범한 가운데 조금씩 깨달음에 이르는 과정을 점오점수(漸悟漸修)라고 하는데, 물방울이 천에 스며들 듯이 자신도 모르는 사이 깨달음에 이르는 것이다. 특별한 계기에 의해, 장작을 쪼개듯이 한 순간 깨달음에 이르는 과정을 돈오돈수(頓悟頓修)라고 하는데, 원효대사의 깨달음을 예(例)로 들 수 있다. 조금씩 깨달아 가는 과정에 갑자기 수련의 정점에 이르는 점오돈수(漸悟頓修)도 있고, 갑자기 깨달은 후 점차 수련하는 돈오점수(頓悟漸修)도 있다.

육명길 시인의 작품 「명상」은 점오점수(漸悟漸修)에 해당하는 것 같다. 오랜 기간 깨달음에 이르기 위해 수양하여, 삶의 지혜를 궁구(窮究)한 시심(詩心)의 반영이다. 대부분 수련하는 가운데 서서히 깨달음에 이르는데, 그것이 삶의 자세를 가다듬는 요체(要諦)로 보인다. 시인은 많은 시를 창작하면서 신심(信心)과 시심(詩心의

합일을 지향한다. 마음을 비우다 보면 '멍'해질 때도 있을 터이고, 그 상태는 '어둠'과 같을 것이다. 그런 상태에서 좀 더 수련하면 '점점점' 빛의 알갱이가 보일 터이고, 이 입자(粒子)들이 모여 구원의 빛으로 구체화될 것이다. 독자들의 상상력을 통해, 깨달음에 이르는 과정을 제시한 시인의 심모원려(深謀遠慮)를 이 작품에서 확인할 수 있다.

> 높은 고층빌딩아.
> 오르고 오른
> 최고의 자리
> 쌓이고 쌓인
> 지식아.
> 1을
> 빼면 天이요
> 1을
> 더하면 末인걸
> 그대로 있거라.
> 낮에는 해 아래
> 밤에는
> 달빛 아래 있나니.
>
> ―「그 자리에」 전문

이 작품은 '글자풀이'를 통한 언농(言弄)으로도 보인다. 난해한 부분은 여러 갈래로 해석이 가능할 터, 1차로 고층빌딩 자체로 보는 견해다. 첨탑을 제하면 하늘과 맞닿은 형상이 되고, 다시 한 점을 더하면 가장 끝 부분이 된다는 한자(漢字) 풀이가 된다. 또 한 편으로는 〈오르고 오른/ 최고의 자리/ 쌓이고 쌓인/ 지식〉에 바탕을 둘

수 있는데, 욕심 하나를 버리면 하늘의 마음이 되고, 욕심 하나를 더하면 사람 중에 말자(末子)가 될 수도 있다는 해석이다. 아무리 크고 높은 건물 사람 지위도, 숙고(熟考)해 보면 하늘 아래에 있고, 밤에는 달빛 아래에 있는 사물에 불과하다는 깨달음이 바탕인 듯하다.

해석은 독자들의 몫일 터이니, 시의 다의성(多義性)과 모호성(模糊性)이라는 측면에서 성공한 작품이다. 종교적 해석도 모호하거나 다의적이어서 그에 대한 해설서 또한 다양하게 존재한다. 육명길 시인은 이런 상황을 작품으로 빚어 '숨은그림찾기'와 같은 쾌감을 공유하게 한다.

3.

고희(古稀)를 넘긴 원로목사 육명길 시인은 추억을 반추하여 작품화하기도 한다. 이럴 때는 동심(童心)처럼 명징한 형상화를 보인다. 덧 설명이 필요하지 않을 만큼 사실적이다. 어린 시절에 할머니와 어머니로부터 사랑받은 추억은 세월이 흐를수록 뚜렷하게 남아 작품에 투영된다. 다시 돌아갈 수 없는 추억이기에 더욱 절실한 정서로 표백된다.

> 높은 소리도 없으셨다.
> 나쁜 소리도 없으셨다

얼굴은 미소
피부는 흰 솜

할머니
기쁘게 해드리는 것은
추석의 30리길
외갓집에 가는 것이었다.

이리 뛰고 저리 뛰고
해 지는 석양이었다.

등잔불 끄고 잘 때
내 딸 강아지야
울 할머니
빨강고추 따시던 손.

―「할머니」 전문

할머니의 단아한 인품, 고운 외양은 시인의 기억 속에 각인되어 있다. 또한 할머니를 기쁘게 해드리려는 시인은 걷다 뛰다 서둘러 외갓집에 도착한다. 등잔불을 끄고 할머니 품에서 잘 때, 할머니는 '내 딸 강아지야'라고 부른다. '내 쌀의 강아지'는 외손자일 터, 그 할머니는 귀여운 손자의 고추를 만지는 것으로 애정을 표현하였을 것이다. 이 작품에서 〈빨강고추 따시던 손〉은 실제 고추밭에서 빨강고추를 따시던 손일 수도 있고, 손주의 고추를 만지는 손일 수도 있다. 이런 경향은 황진이의 시조 〈청산리 벽계수야 수이 감을 자랑마라〉에서와 같다. 벽계수는 '푸른 시냇물'의 의미일 수도 있으며, 황진이의 연인 '벽계수'일 수도 있기 때문이다. 말하자면 중의법을 적절하게 활용하여 시의 맛을 살리는데 성공하고 있다.

할머니에 대한 추억을 작품에 담으면서, 시인은 어머니에 대한 관심을 표명한다. 어머니의 대화를 직접 인용하여 사실적으로 묘사하고 있다. 특히 어머니의 삶이 고생스러웠기에 시인의 가슴에 연민의 정서가 분출된다.

> 맘껏 야단치시고요.
> "야—이놈아
> 열손가락 깨물어서
> 안 아픈 손가락 있느냐?"
>
> 큰소리를 치시고서
> 눈물을 머금은 채
> 무거운 새우젓 판을 이시고
> 싸리문을 나가시던
> 울— 엄마
>
> 여덟 식구 먹이기 위하여
> 보리밥 한 그릇도 제대로
> 잡수시지 못하던 울— 엄마
>
> —「울 엄마」 일부

시인은 일제 강점기나 해방 후 공간에서 자주 목격할 수 있는 광경을 그려낸다. 당시 자녀들이 많았기에 어느 한 자녀를 편애하지 않는다는 의미에서 〈야—이놈아/ 열손가락 깨물어서/ 안 아픈 손가락 있느냐?〉고 반문하는 어머니, 그러면서도 가족의 생계를 위해 〈무거운 새우젓 판을 이시고〉 행상에 나서던 어머니의 모습이 눈물겹다. 여덟 식구를 먹이기 위해 자신은 늘 보리밥도 제대로 드시지 못한 희생적 모성(母性)이 감동적으로 수용된다.

이 작품 후반부에는 다음과 같은 시인의 내면이 오롯하다. 95세인 어머니께서는 지금도 찾아뵈면 〈큰 애 왔느냐?〉 반기며 손을 잡아 주신다. 그래서 시인은 하나님께 감사드리며, 〈올 봄에도/ 봄바람은 불어올 거야요.〉 새 봄을 맞으시면서 건강하게 오래오래 사시기를 기원한다.

4.

육명길 시인의 추억 속에는 종교적 염결성(廉潔性)과 관계없는 세속의 관심사도 가끔 작품으로 창작된다. 「추석의 형상」에서는 〈왜?/ 순이 누나 입술/ 붉은 립스틱 칠했나?〉로 시작된다. 추억 속에서는 볼이나 입술에 바르는 '연지'였을 것이나, 시인은 현대적 명칭인 '립스틱'으로 시어를 선택한 것 같다. 이어 〈가을/ 추수 끝내고/ 누나는 시집을 갔어요.〉라고 일반화된 서술을 통해 서운한 내면을 표출한다.

이는 자신이 좋아했을 법한 여자의 궁금증으로 연계된다. 〈반달 같은/ 송편 속에/ 연자 얼굴도 보인다.〉를 통해 지금까지 기억하고 있는 '연자'의 얼굴이 송편과 이미지 결합을 이룬다. 이는 영화나 방송극 등에서 사용하는 기법인 오버랩(overlap)과도 같으며, 집합 개념에서 유발된 이미지의 교집합과도 같다. 9행의 단형으로 된 이 작품에는 많은 이야기들이 생략되어 있지만, 독자들은 시인의 입장이 되어 행간(行間)을 채우며 감상할 수 있다.

둥근 달밤에
밤잠을 이루지 못하던
젊은 과부는
밤나무 아래로 갔다.

밤꽃을 향하여
긴 호흡을 한다.
유월의 밤은
짧기만 하였다.

—「밤꽃이 필 때」 전문

이 시는 목회자 신분으로 작품화하기가 난감하였을 터이다. 둥근 달이 밝게 떠 있는 밤에 과부는 밤잠을 이루지 못한 채, 밤꽃 향기를 따라 밤나무 아래로 갔던가 보다. 속설에 의하면, '밤꽃 향기'는 남성의 정액과 유사하다고 하며, 혼자 밤을 지새워야 하는 과부가 이 냄새를 맡으면 잠을 이루지 못한다고 전해진다. 잠을 이루지 못한 과부는 밤꽃 향기가 흐르는 방향을 향하여 긴 호흡을 한다. 시인은 이 부분에서 많은 이야기를 생략하고 있어, 이후 이 여인은 어떻게 하였을까, 독자들의 궁금증을 자아내게 한다.

그럼에도 시인은 독자들의 궁금증을 해소하지 않고 오불관언(吾不關焉)이다. 비유법의 한 갈래인 돈강법(頓降

法)처럼 〈유월의 밤은/ 짧기만 하였다.〉로 맺는다. 어쩌면 시인 자신도 그 이상은 알 수 없었을 수 있으며, 또는 생략하는 것이 온당하다고 판단했을 수도 있다. 이러한 형상화와 함께 그리움의 형상화도 감동적이다.

> 눈길이 스치고 간 자리에
> 상처만 남고
> 바람이 스치고 간 자리에는
> 그리움만 남았다.
>
> 사랑이 스치고 간 자리에는
> 미움만 남나니, 빙글빙글 돌며
> 동그라미 그리다가
> 그만 하트를 그리고 말았지.
>
> 그대가 스치고 간 자리에는
> 큰 여운이 남았지.
> 말만 굴러간 자리에는
> 앵무새가 있었지.
>
> 소나기 후에 뜨는 무지개
> 향유로 밝힌 세상이었지.
>
> —「망부석」 전문

시인의 감성에서 다음과 같은 잠언이 발현된 것은 놀라운 발견이다. 〈눈길이 스치고 간 자리에/ 상처만 남고 / 바람이 스치고 간 자리에는/ 그리움만 남았다.〉 이는 이병주 소설 「일월(日月)」의 서두에 있는 바 〈햇빛에 빛 바래면 역사가 되고 달빛에 물들면 신화가 된다.〉정도로 간명하고 뜻 깊은 표현이다. 시인의 사랑은 〈소나기 후에 뜨는 무지개〉와 같이 아름다웠으며, '향유'로 밝힌 세상으로 승화되어 영원한 그리움으로 존재하게 마련이다.

육명길 시인은 이와 같은 그리움을 작품으로 형상화하는데 능숙하다. 작품 「봄날」에서 시인은 〈쑥이 강변에 쑥 나오고/ 버들강아지/ 눈 비비니 봄이다.〉라고 봄의 정취를 그려낸다. 그러면서 고향에 가도 만날 수 없는 그대, 즉 보고 싶은 '동무'를 〈눈 감으면 떠오르는/ 뒷동산의 꽃/ 진달래꽃〉으로 표현하여 은유의 멋을 작품에 투영한다.

5.

안양기독교연합회 회장을 역임하면서 교회의 활성화에 진력하던 육명길 시인은 전남 광양의 다은교회에서 새로운 목회활동을 시작한다. 융성하던 큰 교회에서 시무하던 시인이 인간미 넘치는 교회, 아름다운 교회, 참다운 교회를 지향하며 '다은교회'에서 열과 성을 다하여 봉직한다. 성직자로서 교회에 충성하면서 지역에 대한 사랑까지 시로 빚어 동질감 형성에 노력한다.

〈섬진강변의/ 매화 향기〉도 사랑하게 되고, 〈여수 엑스포/ 순천 정원박람회〉에서는 자원봉사자로 참여한다. 〈광양은/ 언제나 sun shine/ 마지막이란 단어는 없다.〉

면서 살고 있는 광양에 대한 무한한 사랑을 고백한다. 자신이 살고 있는 〈부성아파트 610호〉에 대한 예찬도 아름답고, 남도에서 동백꽃을 보며 〈나도 모르게 뚝 떨어진/ 동백꽃 때문에 운다/ 임진왜란 때 떨어진/ 꽃들의 숨소리를 들으며 운다.〉고 절절한 노래까지 남긴다. 동시에 〈은혜의 동산/ 사랑과 축복의 동산/ 다은교회〉를 위하여 눈물로 기도하는 시인이다.

광양읍 동쪽에 있는 백운산은
흰구름을 이불 삼아 잔다.

아침 안개로 내려와
푸른 나무들을 깨우며
꼿꼿이 사열하다가

아파트 울타리에 핀
붉은 장미에게도
사랑의 마법을 선물하여
영롱한 구슬이 맺히게 한다.

백운산 능선에 임재하시는
그 분의 모습을 보며
푸른 나무들은
흰구름 속에서도 길을 찾는다.

—「백운산 푸른 나무」 전문

이 작품은 4연으로 되어 있지만, 기승전결 4단 구성이라기보다는 기서결 3단 구성으로 보인다. 〈광양읍 동쪽에 있는 백운산은/ 흰구름을 이불 삼아 잔다.〉에서 위치 정보, 그리고 백운산 외양의 활유법 등으로 시적 감각성을 높인다. 이어 〈아침 안개로 내려와/ 푸른 나무들을 깨우며/ 꽂꽂이 사열하다가// 아파트 울타리에 핀/ 붉은 장미에게도/ 사랑의 마법을 선물하여/ 영롱한 구슬이 맺히게 한다.〉고 비유적 자질을 발휘한다.

그러나 마지막 연에서는 산과 구름, 소나무와 장미 등의 서정적 요소들이 신앙으로 귀납된다. 〈백운산 능선에 임재하시는〉에서 신앙의 주체가 확인되고, 이는 '그 분'으로 확정된다. 그리하여 '푸른 소나무들'은 백운산의 흰 구름 속에서도 '길'을 찾는다. 여기에서 주목할 것은 '소나무'의 다의성과 '길'의 상징성이다. 이러한 형상화는 육명길 시인을 본태적 시인으로 인식하게 작용한다.

그는 〈만왕의 왕께/ 지혜의 시로 찬양하나이다./ 상한 영혼을 드리나이다./ 목숨을 드리나이다./ 생애를 정성으로 드리나이다.〉 등 신앙의 주체에게 번제(燔祭)를 드리는 시인이다. 〈받은 것을/ 당신에게 드리겠나이다.〉 맹세하는 시인이다. 이런 '설교시'에서 육명길 목사의 진실한 시혼(詩魂), 신념이 담긴 열정적 음성이 모세의 십계명처럼 가슴을 흔든다. 이들 작품에서 받은 감동의 훈기를 독자들과 공유한 채, 육명길 시인의 10번째 시집 『사랑을 받은 자여』에 수록된 작품 감상 여로를 맺는다.

| 후기 |

여수룬아
들으라, 두려워 하지 말라.
나 여호와가 너를
태중에 만들고 선택하였다.
네가 목마르면 물을 주며
마른 땅에 시내가 흐르게 한다.
나의 영을 네 자손에게
나의 복을 네 후손에게 부어주리라.
풀 가운데서 솟아나기를
시냇가에 버들같이 하리라.
야솰 여수룬아
두려워말고 내 말을 들으라.
참으로 내가 너를 도와주리라.

만군의 여호와 하나님!
진심으로 순종하겠나이다.

다은어록 10

사랑을 받은 자여

육명길

발 행 일 | 2017년 4월 15일
지 은 이 | 육명길
발 행 인 | 李憲錫
발 행 처 | 오늘의문학사
출판등록 | 제55호(1993년 6월 23일)
주　　소 | 대전광역시 동구 대전로867번길 52 (한밭오피스텔 401호)
전화번호 | (042)624-2980
팩시밀리 | (042)628-2983
전자우편 | hs2980@hanmail.net
다음카페 | cafe.daum.net/gljang (문학사랑 글짱들)
다음카페 | cafe.daum.net/art-i-ma (아트매거진 아띠마)

공 급 처 | 한국출판협동조합
주문전화 | (070)7119-1752
팩시밀리 | (031)944-8234~6

ISBN 978-89-5669-810-6
값 12,000원